财政分权、空间溢出
与我国公共物品供给研究

The Research on Fiscal Decentralization,
Spatial Spillover and the Provision of Public Goods in China

刘 君 著

吉林大学出版社

图书在版编目(CIP)数据

财政分权、空间溢出与我国公共物品供给研究 / 刘君著. — 长春：吉林大学出版社，2017.4
ISBN 978 - 7 - 5677 - 9671 - 3

Ⅰ. ①财… Ⅱ. ①刘… Ⅲ. ①公共物品 – 供给制 – 研究 – 中国 Ⅳ. ①F20

中国版本图书馆 CIP 数据核字(2017)第 090337 号

书　　名　财政分权、空间溢出与我国公共物品供给研究
　　　　　CAIZHENG FENQUAN、KONGJIAN YICHU
　　　　　YU WO GUO GONGGONG WUPIN GONGJI YANJIU

作　　者　刘　君　著
策划编辑　朱　进
责任编辑　朱　进
责任校对　朱　进
装帧设计　美印图文
出版发行　吉林大学出版社
社　　址　长春市朝阳区明德路 501 号
邮政编码　130021
发行电话　0431 - 89580028/29/21
网　　址　http://www.jlup.com.cn
电子邮箱　jdcbs@ jlu.edu.cn
印　　刷　北京市金星印务有限公司
开　　本　787 × 1092　1/16
印　　张　11
字　　数　200 千字
版　　次　2017 年 4 月第 1 版
印　　次　2017 年 4 月第 1 次
书　　号　ISBN 978 - 7 - 5677 - 9671 - 3
定　　价　33.00 元

个 人 简 历

教育背景

刘君,女,1981.3,河南郑州人

2000.9—2004.6　郑州大学　信息管理与信息系统专业　本科

2004.9—2006.6　中南财经政法大学　西方经济学　硕士研究生

2011.9—2014.6　南开大学　西方经济学　博士研究生

主要研究成果

1.广义技术进步改善能源效率研究[J].《生态经济》,2013.5.

2.财政分权、经济开放与政府的建设及社保支出——以河南省城市面板数据为例[J].《经济问题》,2013.3.

3.我国金融体制市场化改革趋势探讨[J].《现代商贸工业》,2009.7.

4.关于中小企业融资信用风险问题的研究[J].《财经界》,2008.4.

5.商业银行流动性过剩问题研究[J].《财经界》,2007.11.

工作单位

郑州轻工业学院经济与管理学院,博士　讲师

地址:河南省郑州市高新区科学大道 136 号经济与管理学院(经管楼 500) 450001

摘　　要

　　财政分权对于经济发达国家早已得到普遍的重视,对于发展中国家和经济转型国家也成为财政体制改革的主要内容,可以说财政分权已经成为了一个世界的现象。改革开放以来,中国经济取得了伟大的成就,GDP以年均接近10%的速度增长。从20世纪80年代初开始的财政体制改革在促进中国经济发展过程中起到了非常重要的作用,财政分权则是经济转型过程中的重要突破口,也是经济发展过程中的政策推动力之一,中央政府通过放权让利给地方政府,使得地方政府拥有了更大的财政自主权,极大地激励了地方政府发展地方经济的积极性。

　　然而,在经济取得快速增长成就的同时,近年来,地方政府为了增长而竞争的代价是地方公共物品供给水平的不足和效率的低下,公共物品和公共服务无论从供给的数量还是质量都显得相对不足,基础教育、科技、医疗卫生、社会保障、环境保护等公共物品和公共服务的供给差距并没有随着经济的增长而逐渐缩小,不同地区居民所分享到的公共物品和公共服务不均等和不公平的程度在加大。与此同时,经济类公共物品诸如高速、地铁、能源、通讯等的投资有增无减。由于缺乏居民对公共物品和公共服务的偏好显示机制,同时我国财政分权体制对各级地方事权的划分也比较模糊,地方政府缺乏供给公共物品和公共服务的激励。因此,财政分权体制下的公共物品供给效率低下的问题越来越受到广泛的重视。党的十七大报告明确提出了实现基本公共服务均等化的战略目标从而实现区域经济的协调发展。

　　基于以上认识,本书以财政分权和公共物品为研究对象,从公共物品有效供给理论出发,以财政分权理论为依据,遵循提出问题、构建假说、形成框架、实证检验、解决问题的技术路径。一方面,以新古典经济学的基础理论为研究视角和分析范式,通过理论模型探讨公共物品和公共服务的供给效率问题,研究我国财政分权体制背景下的财政激励、制度设计、政府偏好、政府竞争等方面对地方公共物品和公共服务供给的影响。另一方面,通过建

2

立计量经济模型,实证检验财政分权制度背景下我国分税制改革前后财政激励的变化情况,同时为了进一步检验分权和公共物品供给之间的关系,本书借助于空间计量的方法实证检验我国省级财政分权、经济开放对公共物品供给的影响情况,并且通过空间滞后和空间误差模型的比较阐明公共物品供给存在地域间的溢出效应和外在因素之间交互作用的影响。最后,本书结合理论分析和实证分析的结果,从中国财政分权的背景出发探讨有效供给公共物品的相应政策建议。

关键词:财政分权;公共物品;财政激励;经济开放

Abstract

Fiscal Decentralization has been received widespread attention in economically developed countries, and has became the main part of the reform of financial system for developing countries and those in transition, which show that fiscal decentralization has become a world phenomenon. Since China's reform and opening up, China has made great achievements in economy, and the GDP is growing at a rate of about 10% per year. The reform of fiscal system, which began in the early 1980s, has played an important role in the process of China's economic development, and the fiscal decentralization is a significant breakthrough in the process of economic transition, as well as a driving force of policy in the process of economic development. The central government makes the local governments have more financial autonomy throughdecentralization of power and transfer of profits, which greatly inspires local governments' enthusiasm of developing the local economy.

However, in recent years, the local governments have competed with each other for economic growth at the price of shortage of public goods and low efficiency at the time of rapid growth in economy. Public goods and public service are relatively insufficient no matter in quantity or in quality. The supply gaps of those public goods and public service, such as basic education, science and technology, health care, social security and environmental protection, are not narrowed with economic growth, while the degree of inequality and unfairness of public goods and services the residents in different areas share is deepening. Meanwhile, the investment in those public goods is increasing, such as in high speed railway, subway, energy, communications and so on. Due to a lack of mechanism showing Residents' preference for public goods and services, as well as the vagueness of the division of local governance in China's Fiscal Decentralization system, the local governments are short of incentive to supply public goods and public services. Accordingly, the low efficiency of the supply of public goods in the Fiscal Decentralization system has been paid increasing attention. The report of the 17th Congress of the CPC explicitly put forward the strategic target of equalization of basic public services so as to realizethe coordinated development of regional economies.

Based on the understanding above, this thesis will treat fiscal decentralization and public goods as the research objects, and the Effective Supply Theory of public goods as the starting point, base on theory of Fiscal Decentralization, and abide by the technical path of raising questions, building a hypothesis, forming a framework and empirical test and solving the problem. On the one hand, discuss the efficiency of the supply of public goods and service through theoretical mode, with the basic theory of Neoclassical Economics as the research perspective and analysis paradigm, and make a study of the influences of fiscal incentives, system design, government preference and competition and some other aspects on the local public goods and public service supply under the background of China's Fiscal Decentralization System. On the other hand, find out the change of fiscal incentives before and after the tax reform in our country through empirical test under the background of Fiscal Decentralization system by establishing econometric model. At the same time in order to further test the relationship between decentralization and public goods supply, this paper will empirically test the influences of Fiscal Decentralization at the provincial level and open economy on the public goods supply, and clarify that regional spillover effect and the interaction between external factors have an effect on the public goods supply, through the comparison of spatial lag model and spatial error model. Finally, this thesis tries to probe into the corresponding policy and suggestions for effective supply of public goods, starting from the background of China's fiscal decentralization, and combined with the results of theoretical analysis and empirical analysis.

Key words: Fiscal decentralization; Public goods; Fiscal incentives; economic openness

目　　录

第一章 导 言

第一节 选题背景与研究意义

一、选题背景

1978 年 12 月,党的十一届三中全会召开,中国迎来改革开放的春风,三十多年过去了,中国经济取得了伟大的成就,GDP 增长率以年均近 10% 的速度增长,人均收入增长了约 50 倍,这在世界上其他国家是从未有过的,创造了中国经济增长的奇迹,让世人为之瞩目。中国经济实现了从落后到初步兴旺的历史性跨越,同时经济增长也使人民的生活实现了从贫穷到温饱再到小康的变化。当然,中国经济增长的奇迹是和多种因素分不开的,制度的创新尤为重要,其中财政体制改革在经济体制改革中扮演了重要的角色。

财政体制的改革事实上是一个分权的过程,从高度集中的计划经济向社会主义市场经济的转变过程中,政府逐步从市场竞争中退出,资源的配置主要通过市场的价格和竞争机制得以实现,同时,中央政府逐步向地方政府放权让利,从财政包干制到分税制的改革,都使得地方政府拥有了相应的自主权,为经济的发展注入了新的活力。这也是我国经济在改革开放三十多年中持续稳定发展的重要原因之一。财政体制改革促进了我国经济的发展,居民、企业、地方政府作为市场当中的主体参与到市场活动中来,成为资源配置的主体,通过自主决策获得相应的激励和回报。可见,分权促进了经济的增长,是我国经济发展战略中重要的政策推动力之一。中央政府通过向地方政府下放一定的财政自主权,调动了地方政府发展经济的积极性,因而实现了经济的快速持续发展。

然而,在分权背景下,在经济快速持续增长的同时,经济的增长是以不均衡和不公平为代价的。与之相伴随的是地区间和区域经济发展失衡程度的扩大,公共物品和公共服务领域的发展滞后,与经济增长取得的成就相比,公共物品和公共服务的供给远不能满足人们的需求,而分权的合理性就在于提高公共物品的供给效率,使之满足社会发展的需要,从而为人们物质生活和精神生活的发展提供相应的保障。党的十七大报告中指出,"更加注重社会建设,着力保障和改善民生,推进社会体制改革,扩大公共服务,完善社会管理,促进社会公平正义,努力使全体人民学有所教、劳有所得、病有所医、老有所养、住有所居"。从这段话中我们可以明确看到,政府在社会发展中的角色不仅注重经济增长和收入的增加,同时注重改善民生、保障民生,促进社会全面和谐的发展。

财政作为政府宏观调控的手段之一,在促进社会发展和社会公平方面扮演着重要的角色,公共财政的转型在于为公众提供和经济发展水平相适应的均等的公共物品和公共服务,从而保障公共物品供给的公平性。改革的目的是全面建设小康社会,是要让人民切实分享改革发展的成果,因此,全面建设小康社会,促进社会和谐发展,就要着力于改善民生,公共物品和公共服务是改善民生的重要组成部分。十一届三中全会以后我国的经济体制改革,使得中国经济取得了高速增长的奇迹,同时以分权为特征的财政体制改革强化了中央政府宏观调控的能力,也激发了地方政府积极发展本地区经济的意愿。然而,在经济和社会不断发展和进步的同时,我们面临着公共物品和公共服务供给总量的不足和质量的低下,地区和城乡之间供给严重不平衡的现状。中国公共物品与公共服务缺失的现状,说明当前我国公共产品与公共服务供给机制效果并不佳,因此党的十七大提出"促进基本公共服务均等化"成为公共财政的目标,建立公共服务体制和以公共利益为导向的政府激励机制,从而确保分权效果的发挥,提高公共物品供给的效率,实现经济结构和向"服务性政府"的转型。

二、研究意义

政府财政活动的目的是要体现在为社会提供能够满足人们需求和偏好的公共物品和服务,这不仅体现在公共品和服务的数量上,同时也体现在质量上。富国之所以富裕,一个主要的原因是他们拥有更多能够满足人们需求的诸如基础设施、教育、卫生保健、社会保障等的公共物品和服务,这些公共品供给的满足进一步促进了生产力的提高。Aschauer(1989)①的研究表明:美国生产力的提高,主要是由于诸如公路、机场、轨道交通、城市供水系统和下水道基础设施的建设,这些公共物品最具生产力提高的解释力。可见,公共物品和服务的供给在经济发达国家历来受到比较多的重视,随着社会生产力的提高,经济的不断发展以及人民收入水平的提高,人们对于公共安全、住房保障、社会保险、教育、卫生医疗、环境保护等公共物品和服务的需求也在不断地增加,公共物品和服务同时对于一个国家生产力的提高和经济的发展也起着一定的推动作用,完善的社会公共服务体系能够有效地节约交易成本,提高经济社会的运行效率。

然而,由于公共物品具有非竞争性和非排他性以及外部性等特点,在实际的经济运行中,市场难以有效率的提供满足人们对公共物品真实偏好的供给水平,这必然会影响到经济的发展。因此,人们意识到必须通过非市场机制的方式去有效提供公共物品和服务,而事实上,政府即充当了供给公共物品和服务的主体。市场在有效提供公共物品和服务失灵的情况下,政府很好地弥补了市场的失灵,可是,随着经济社会的不断发展,由于人们需求显示机制的缺乏,信息难以有效传递,加之受到财力限制等因素的制约,政府缺乏供给公共品和服务的竞争和激励,导致了政府在供给公共品和服务上也存在着失灵,人们对公共品和服务的需求也难以得到满足。因此,如何使政府获得更多的竞争和激励从而有效供给能够满足人们需求的公共品和服务,在理论上和现实中有着非常重要的意义。

财政分权理论主要研究政府间财政关系,是对公共物品理论的延伸,传统财政分权理论从地方政府难以提供能够满足居民真实偏好的公共物品的问题出发,认为财政分权能够提高政府供给公共物品的效率,因为地方政府与当地居民最接近,更了解当地居民对公共物品的真实需要,比中央政府按照统一的全国标准来说能够更加有效率地提供公共物品和服务。由于中央政府对地方利益了解甚少,存在较高的信息和交易成本,因此某些政府职能比如供给地方公共物品放在地方一级行使就是顺理成章的。然而,由于地方政府行政效率和公共支出管理体制方面的问题,地方政府同样不可避免会出现公共物品提供效率低下的情况。已有研究表明,财政分权究竟是提

---

① Aschauer D A. Is public expenditure productive? [J]. Journal of monetary economics, 1989, 23 (2):177 – 200.

高还是降低了地方政府公共物品的供给水平,还存在着一定的争议。因此,对财政分权和公共物品的关系进行研究有着重要的理论和现实意义。鉴于此,本书从西方经济学公共物品理论出发,结合财政分权理论关于政府财政关系的分析入手,通过微观公共物品供给效率的分析,结合中国财政分权的现实状况,考虑政府竞争、财政激励、政府偏好等因素变量,实证检验中国财政分权与地方公共物品供给之间的关系以及影响程度的大小,试图解释在中国政治经济环境背景下,中国式财政分权与公共物品和服务的关系,希望能够为中国财政体制改革提供有力的理论支持和政策建议。

第二节　国内外相关研究文献综述

一、国外相关研究文献综述

(一)关于公共物品有效供给文献综述

完全竞争市场模型建立在所有权的基础上,即个人拥有某种商品的所有权就能够排除其他人享用该商品的机会。然而在市场中对于某些商品,其所有权并不属于任何一个人的,也就是某些商品具有公共的属性,早在1770年,哲学家David Hume就指出过"公共的悲剧"。由于公共物品由市场提供时缺乏效率,即存在着市场失灵,因此公共部门对于提供公共物品的职责就显得尤为重要。

Samuelson[①]在《公共支出的纯理论》中给出了公共物品的明确的定义,他认为纯粹的公共物品是每个人对该物品的消费都不会影响到别人对该物品的消费,即公共物品具有消费上的非竞争性和非排他性。它通过一般均衡的分析方法建立了公共物品的最优供给模型,得到满足帕累托效率条件的公共物品的最优数量。但是由于模型中的严格的假设条件在现实的经济中很难实现,因此难以依靠分权和市场自发的作用实现公共物品的帕累托最优的供给量。Samuelson的公共物品的供给模型为公共物品的效率分析奠定了一种规范分析的标准和范式,从模型的假设条件也使我们清楚地了解到实现公共物品有效供给的困难所在,奠定了公共部门在优化社会资源配

---

① Samuelson P A. The pure theory of public expenditure[J]. The review of economics and statistics, 1954:387-389.

置中的职能作用。

另外,Pigou 通过使用效用的方法,对社会资源如何在私人与公共物品间进行合理而有效配置的问题进行了探讨,他认为每个人在消费公共物品时得到了效用,同时每个人缴纳税收支付公共品的消费得到了负效用,他认为负效用是人们放弃对私人物品消费的机会成本,因此公共物品的最优供给应该是满足公共物品消费的边际效用等于纳税的边际负效用的点上。

Samuelson 通过一般均衡分析法建立了公共物品的供给模型,他是从新古典学派的角度对公共物品供给效率问题进行的分析,Wicksell 和 Lindahl 分别在 1896、1919 年通过对税收利益原则的研究,提出人们愿意对公共物品所缴纳的税负是以自愿交易为基础的,并且试图通过民主政治的决策过程达到公共物品的有效供给,认为公共部门所提供的公共物品的多少应该和公民为其所支付的税负相平衡,以此得到均衡的条件,即林达尔均衡。维克塞尔－林达尔的模型其实是局部均衡的模型,在整个模型中贯穿的是社会公平的原则,均衡的结果是满足公共支出规模和人们对于公共物品的税负相一致的点,以此最终实现社会福利的最大化,即帕累托最优。

公共物品理论是分析分权与公共物品供给的理论基础,不管是 Lindahl 的局部均衡模型还是 Samuelson 的一般均衡模型,对满足效率的条件都给出了明确的标准和满足的条件,如林达尔价格即人们为公共物品所支付的税收,满足均衡时的条件是人们对公共物品的评价值之和等于公共物品得以生产和提供的机会成本。然而,通过分析我们发现林达尔均衡和 Samuelson 的模型都是以人们能够显示出对公共物品的真实偏好为前提条件的,但是在现实中公共物品之所以难以实现帕累托最优的供给水平,往往是和人们难以表露出对其真实偏好分不开的,人们隐藏对其真实的偏好,因此很难实现对其支付的价格。如何使得人们能够如实表达对于公共物品的真实偏好的问题,成为了经济学家之后很长一段时间研究的一个重要方向。

Tiebout① 的"以脚投票"的方法是其中一个重要的研究,他假定公共物品是地方性公共物品,只有在特定的社区才能享受到其所偏好的公共物品的提供和效用,人们必须通过选择符合自己真实偏好的公共物品来决定自己的居住社区,因此就可以显现人们对公共品的真实偏好。对于人们对公

---

① Tiebout C M. A pure theory of local expenditures[J]. The journal of political economy,1956,64(5):416－424.

共品偏好如何真实显示的研究,Green、Laffont[1] 认为关键在于设计出一种机制,使得公共物品供求双方有对称的信息以及人们有激励去表达自己对于公共物品的真实偏好,他们使用克拉克 – 格劳维斯税的机制,使得每一个人诚实表露对公共物品的偏好是其占优策略,这种税制被称作激励相容机制,也就是机制的设计与个人利益相容合。Bewley(1981)、Henderson(1991)都认为居民自由选择居住地以及对公共物品偏好的差异性、地方政府的行为都会影响到公共品的生产和提供效率,地方政府依靠征税融资,税率和税基通过多数投票原则确定,居民按照自己的偏好选择不同地区的公共品和政府的税收组合选择居住地,同时这个地区的人员数和地区的边界得以确定,即达到均衡点。Nechyba(1996)则认为可以通过多数投票的原则以及政府通过征收财产税来实现公共物品的最优供给水平,此时对于居民偏好的问题和社会效用函数条件的问题不需要额外追加。

许多经济学家也通过实验的方法来获取人们真实对公共品的偏好,称作自愿供给机制。Ledyard[2] 经过多次试验发现"搭便车"也并不像经济理论认为的那么严重,而是随着时间变化和参与者经验的提高,对公共物品的贡献会下降。Gunnar Rongen(1995)采用 CV(contingent valuation method)法,即"或有估价法",并通过实证的方法检验挪威地方公共品供给的效率,结果发现有些城市的公共物品和服务没有能够达到效率的产出水平。Josef Falkinger[3](1996)通过设计激励机制增加纳什均衡下公共品的私人贡献,他们认为每一个人有激励去贡献大致均衡的公共物品供给量,因为如果个人贡献小于平均值将会受到交税的惩罚,反之如果个人贡献大于平均值将会获取政府的津贴奖励,因此最终公共物品的有效供给量得以实现,同时在这种情况下政府财政的负担也很小。政府供给公共物品的收入来源于税收,政府想要提供更多的公共品,就需要征收更多的税收,然而由于征税会产生扭曲,即影响到纳税人的选择行为,这种扭曲会产生较大的成本。

如何通过税制的设计降低扭曲性的成本成为提高公共品供给效率的一

① Green J R, Laffont J J. Partially verifiable information and mechanism design[J]. The Review of Economic Studies, 1986, 53(3):447 – 456.

② Groves T, Ledyard J. Optimal allocation of public goods: A solution to the free rider problem[J]. Econometrica: Journal of the Econometric Society, 1977:783 – 809.

③ Falkinger J. Efficient private provision of public goods by rewarding deviations from average[J]. Journal of Public Economics, 1996, 62(3):413 – 422.

个主要方面,Pigou(1947)的研究认为为了降低扭曲性税收所带来损失必须使得从公共物品获得的收益大于税收所带来的扭曲性的成本,此后 Diamond、Mirrlees(1971)、Atkinson et al.(1974)等经济学家对 Pigou 的这一思想进行了规范性的研究和优化。因此 Musgrave(1987)认为在对公共品进行绩效分析的时候应该把扭曲性税收的成本以及造成的损失考虑在内,Nadiri、Mamuneas(1994)通过实证分析的方法估计扣除掉扭曲性税收损失后的净回报。Kaplow(1996)研究了公共物品的最优供给和扭曲性税收成本的关系,得出的结论是如果税收的改变能够正好抵消人们从公共品获得的收益,国家从这种改变中得到的税收收入正好等于消费者从公共物品获得的收益总和,此时通过设计调节性的所得税就不会对人们的选择行为产生扭曲。对于当存在扭曲性的税收时能否实现公共物品的最优配置的问题,Myles(1995)的研究认为在竞争性的经济中,当存在扭曲性的税收时,通过设置最优的产品税,公共物品的最优配置出现在边界上。Feehan et al.(2002)得到的结论与此相似,他认为即使存在扭曲所带来的无谓损失,通过设置最优税收,Samuelson 的最优条件就能实现。

(二)关于财政分权和公共物品供给文献综述

主流公共物品理论框架由 Samuelson 和 Musgrave 最终完成,关于财政分权与地方公共物品供给关系的研究开始于中央政府和地方政府在公共物品支出水平上是否存在最优"市场解"的讨论。Musgrave[1]Samuelson[2] 认为,和私人部门相比,公共部门中的国民收入没有实现最优的配置,因此公共部门对于公共物品的支出水平不存在市场的最优解。他们一致认为,在对公共物品的供应上存在着三个问题,即显示问题、社会选择问题和公共物品的管理问题。在市场中,居民在购买产品时会根据自己的偏好选择自己所要购买的私人物品,而对于公共物品,居民往往会隐藏自己对于公共物品的真实偏好,因此市场很难提供人们对于公共物品真实偏好的需求,需要其他非市场方式来得出偏好。对于社会选择问题,因为不能同时满足社会选择机制的要求,即经济学家 Arrow 所证明的非专制性、可传递性、不相关选择的独立

---

[1]　Richard A. Musgrave,The Voluntary Exchange Theory of Public Economy[J]. Quarterly Journal of Economics,L11,Febuary,1939:213－217.

[2]　Samuelson P A. The pure theory of public expenditure[J]. The review of economics and statistics,1954:387－389.

性、帕累托最优。对于公共物品管理问题,厂商有积极性来提供居民偏好并且能够购买的私人物品,同时厂商也能够有效率的生产出人们所需求的私人产品。但是对于公共物品,人们选择合适公共管理者的积极性和获取信息的动机要么没有要么不完全,同时公共管理者对于提供公共物品的积极性也不高,存在着公共物品的管理问题,因此公共物品的公共支出水平不能满足市场的最优解,需要其他非市场方式来使得公共物品的提供满足效率条件。

Tiebout[1] 否认了 Musgrave 和 Samuelson 的观点,最早考察和研究了分权与公共物品供给关系的问题。Tiebout 认为,Musgrave 和 Samuelson 的观点只适用于联邦支出,但是对于地方支出是不适用的,他考虑了联邦财政和地方财政的差异,通过严格的前提假设,提出由地方政府提供公共物品更能充分满足居民的偏好。对于公共物品的供给,核心问题是如何使得具有双重身份的人(消费者和投票者身份)能够如实表明自己对于公共物品的真实偏好,基于真实的偏好政府提供公共物品满足居民的需求,同时收取相应的税收。也就是说,政府的收入与支出是与消费者对于公共物品的偏好相适应的。Tiebout 认为,地方政府的收入支出模式比中央政府更能够使居民显示出他们对于公共物品的真实偏好,因为双重身份者可以通过选择地方政府的收入支出模式来决定自己的居住社区,从而享受政府对公共品组合的供给。就像私人产品市场上厂商为满足消费者需求的竞争一样,地方政府通过收入支出模式的竞争,使得居民选择自己所偏好的公共物品提供的社区,后者也像前者一样,通过竞争达到了资源的有效配置。这种机制使得双重身份者如实显示自己对于公共物品的偏好,同时缴纳了相应的税收,社会资源配置达到了帕累托最优。蒂布特模型的分析是基于以下七个假设展开的:居民能够充分自由流动;居民掌握有关政府的收入支出模式的完全信息,同时能够做出反应;存在大量可以选择居住的社区;所有人的收入都来自股息收入;不同社区供给的公共品不存在外部性;不同的社区政府公共物品的供给是根据该社区原有居民的偏好设定的,对社区服务模式都存在一个最优的社区规模;对于没有达到最优规模的社区,通过吸引居民的迁入来实现降低公共物品供给成本的目的,而那些超过最优规模的社区的做法则

① Tiebout C M. A pure theory of local expenditures[J]. The journal of political economy,1956,64(5):416-424.

与之不同,对于已经处于最优规模的社区,就可以保持人数基本不变。通过这七个严格的假设,蒂布特得出只要居民能够充分自由的流动,通过社区之间的"以脚投票",地方政府有激励提供能够满足居民真实偏好的公共物品需求,这比中央政府提供全国统一的公共物品供给更有效率,也就是说,对于公共物品而言,存在着和私人产品市场一样的最优解。蒂布特关于地方政府优于中央政府提供满足居民真实偏好公共物品的分权的思想,引发了之后学者关于这一领域大量的研究,无论蒂布特模型的正确与否,从其理论意义来说,模型中所关注到的分权的思想,中央政府与地方政府的财政竞争,政府职能等都有着显著的现实意义。McGuire[1] 补充和发展了"用脚投票"的理论,他通过建立动态模型使得该理论更加具体,模型不仅提出了居民通过迁移寻找最优公共物品和税收组合的原因,同时把达到最优状态时均衡的条件表示出来,补充和完善了 Tiebout 的"以脚投票"模型。

"俱乐部"理论进一步分析了分权对于公共物品供给的合理性,其中以Buchanan[2] 的"俱乐部"理论为基础,所谓的"俱乐部"指的是社区,在这个俱乐部也就是社区中的成员具有偏好的同质性,为了分享某种利益而自愿结合起来共同分担成本。Buchanan 的《俱乐部经济理论》一文中提出了不同于Samuelson 的纯私人物品和纯公共物品的具有拥挤性的公共物品的概念,关于他所提出的拥挤性的公共物品,是在消费上具有排他性、非竞争性的物品,其收益和成本在俱乐部成员之间共享和分担。Buchanan 的俱乐部理论的假设条件有:俱乐部成员具有相同的禀赋和偏好;俱乐部成员之间对成本和收益平均分摊;每一个成员都有其所属的俱乐部;俱乐部不存在排他成本;不存在信息不完全等。在此假设基础上 Buchanan 以数学模型的形式研究了俱乐部公共物品的供求和最优公共物品供给的结果。通过确定俱乐部最优规模的大小得到均衡的公共物品数量,当俱乐部规模小于最优规模时,随着俱乐部新成员的进入,可以降低每一个人分摊的成本,增加个人效用,反之当规模超过最优规模时,会造成俱乐部的拥挤和设施的紧张,会造成个人效用降低,因此俱乐部的最优规模的确定是在外部不经济所造成的拥挤成本等于新成员的加入分担成本所带来的边际节约的点上。Buchanan 的俱

---

① McGuire M. Group segregation and optimal jurisdictions[J]. The Journal of Political Economy,1974,82(1):112–132.

② Buchanan J M. An economic theory of clubs[J]. Economica,1965,32(125):1–14.

乐部理论得到的结论是具有同质偏好的成员集结成的俱乐部能够实现俱乐部公共物品的有效供给。以 Buchanan 为代表的公共选择学派批评传统财政分权理论认为政府可以弥补市场失灵从而有效供给公共物品的观点,认为政府同样是自私而贪婪的利益最大化者,其目的是要实现税收收入的最大化,不会自动实现供给社区内最优规模的公共物品数量。因此公共选择学派从限制政府征税权的角度,认为众多地方政府的存在以及激励机制的设计,在市场机制的自发作用下,辖区居民所需求的公共物品能够有效地组织和生产,同时通过立宪规则的确定,实现政治权力和财政的分权化,取代对政府征税权的限制,从而提高公共物品配置的效率,减少交易的信息成本和组织成本,因为这种事前规则的确定能够达成一致的同意,是一种事前的公平,使得从立宪者角度的最优和受宪法约束的市场选择者的最优保持一致,也就是通过立宪和公共决策机制,以实现公共品提供的有效配置。

Tiebout 和 Buchanan 的理论是财政分权和公共物品有效供给研究的基础理论,两者既有联系又有区别,前者通过居民选择自己偏好的地方政府的税收 – 支出组合确定居住地,得到合意的公共物品的供给,居民的这种迁移和 Buchanan 的俱乐部理论中具有相同偏好的成员通过缴费加入的俱乐部相似。两者的不同之处在于 Buchanan 模型中具有同质偏好的成员选择的是俱乐部公共物品的规模和成员人数,而不是俱乐部本身,蒂布特模型中居民通过自由迁移选择的是社区本身。另外蒂布特模型中不同社区所提供的公共物品组合是多样性的,而 Buchanan 模型中俱乐部提供的公共物品是单一的。无论差别何在,两者理论的共同点都在于公众可以自由选择对地方公共物品的偏好来影响地方政府公共物品和服务的提供效率。Tiebout 首次把分权引入到对公共物品供给效率的分析中来,认为地方政府能够有效实现公共物品的供给,政府能够弥补市场失灵,然而这些观点也遭到了其他学者的批评和反对。

Stigler[①](1957)在其著作中阐述了需要地方财政的公理性的解释,他认为地方政府存在的合理性和必要性主要在于两个方面的原则,一是地方政府比中央政府更加接近自己的公众,因此地方政府对自己管辖范围的居民的偏好和需求更加地了解,更能够满足居民的效用,二是每一个居民有权利

---

① George Stigler. Tenable Range of Functions of Local Government. In Federal Expenditure Policy for Economic Growth and stability, 1957: 213 – 219.

对公共物品和服务的种类和数量进行投票和表决,也就是不同的辖区有权自己选择公共物品和服务的数量和种类。从 Stigler 的两个原则我们可以看出如果要实现资源配置的有效性和分配的公平性,决策应在地方政府部门进行,也就是最低行政水平的公共部门。实际上这是一种分权的思想,即分权更能实现公共物品和服务的有效配置和社会公平。然而 Stigler 并没有完全否定中央政府对于实现资源有效配置和分配公平的职能作用,他还强调中央一级政府在协调诸如地方政府竞争和产生的摩擦以及分配不平等这些问题时所起到的作用非常重要。

Musgrave(1959)提出政府的功能有三个方面,即配置、分配和稳定的功能,并对政府的这三项不同的职能在中央政府和地方政府之间进行分工。在此基础上,他进一步讨论了集权和分权的不同作用,提出对于全国性的公共物品由最高级的中央政府来提供,而地方级政府则提供地方性的公共物品和服务。从 Musgrave 的观点我们可以看到他认为分权是必要的,然而对于外部效应较大的全国性的公共物品,他更强调中央财政的职能作用,因为中央政府更关心各个辖区的居民能否享受到均等化的公共物品和服务的问题,他还提出通过补助金制度来实现这种公共物品和服务均等化的目标,他认为为了确保辖区之间能够实现统一的公共物品和服务的水平,集权的作用要大于分权的积极作用。Musgrave 认为集权重要的观点和 Buchanan 认为的集权有害的观点正好相反,此后许多经济学家关于集权和分权对于公共物品有效供给展开了激烈的思辨。

Oates①(1972)关于财政分权和集权与公共物品的供给之间的讨论给出了一个规范的分析,为地方政府的存在他提出了一个分权定理,并且理论总结了在联邦主义结构下联邦政府和地方政府之间财政职能的分配问题。Oates 认为不管是中央政府还是地方政府生产和提供公共物品的成本都是相同的,同一地域的公民所享受到的公共物品都是公平的,但是从社会福利最大化和公共物品有效率的生产来讲,地方政府比中央政府更能够有效地为全体公民提供公共物品和服务。因为他认为地方政府更接近于民众,因而比中央政府更能确切地了解居民的真实偏好,这样地方政府就能根据本地区居民的偏好来供给福利最大化的公共物品和服务,而中央政府由于不具

---

① Wallace E. Oates. Fiscal federalism[J]. New York:Harcourt Brace Jovanovich,lnc,1972:35.

备这方面的优势会提供对于所有地区都相等的公共物品和服务,会使得不同地区居民的福利最大化的公共物品供给难以实现。其实 Oates 的分权定理很明确地提出了分权对于优化资源配置的思想,并且他还提出地方政府通过财产税来为地方公共物品融资。Musgrave 则进一步详细地阐述了在中央和地方政府之间税收划分的原则的问题。

前面关于财政分权对于公共物品供给的分析中,我们可以看到所有的理论都假设中央政府对于公民的偏好能够准确无误地认识和了解,并且能够根据政策工具来调节地区之间的再分配问题,因此按照这种假定,分权就没有必要了,然而实际的情况是中央政府可能错误地认识社会的偏好,这时政府就很难提供令社会达到福利最大化时的公共物品供给水平了。基于此观点,美国经济学家 Tresch[①] 对中央政府的偏好误识问题进行了理论分析,提出由于中央政府存在偏好误识,可能会导致失误地供给公共物品。它通过分析发现,地方政府由于距离本辖区居民最近,因此对于信息的传递比中央政府更有优势,不确定性也会更小,而中央政府则距离居民较远,信息传递的过程会出现偏差,结果居民的偏好会出现信息传递的失误,很难准确提供最优的公共物品供给。也就是距离越远不确定性越大,因此,对于风险厌恶的整个社会来讲偏好于让地方政府来提供公共物品和服务。Tresch 的偏好误识理论更加有利论证了在不确定性的背景下分权对于公共物品供给的依据。

地方政府之间的竞争和相互作用也会对公共物品的供给产生影响,主要包含了两个方面的内容,一个是政府之间利益的外溢,即地方政府所做的决策的相互影响,另一个是不同地区之间税基的移动,即政府之间税收的竞争会影响到地方政府管辖的范围。政府之间的相互影响和作用会影响到政府的决策,也就是说一个政府的行为会影响到其他政府所做出的决策。Case et al.[②](1993)实证研究了政府之间的竞争行为,他通过博弈论的方法建立政府之间作用的反应方程进而考察这种影响程度的大小。Breton[③](1998)也指出不同级别政府的垂直竞争和相同级别政府之间所谓的横向竞争,政府

① Ricard W. Tresch. Public finance. Business publications, lnc, 1981; 574 - 576.

② Case A C, Rosen H S, Hines J R. Budget spillovers and fiscal policy interdependence: Evidence from the states[J]. Journal of public economics, 1993, 52(3): 285 - 307.

③ Breton A. Competitive governments: An economic theory of politics and public finance[M]. Cambridge University Press, 1998.

的竞争的好处一方面揭示出人们对于公共物品的真实需求,即需求的数量等信息,同时也使政治系统达到平衡,然而却导致政府对于分配的扭曲。因为分权使得政府之间展开对于企业和资本的竞争,地方政府为了吸引企业进驻本地区从而增加本地区的经济增长和就业,通过采取税收优惠的办法吸引资本的流入,而这种竞争所造成的损失则通过公共物品和服务供给的相对不足得以弥补。Break①(1967)提出由于企业流动和就业机会的减少,会使得公共物品的供给水平处于次优的状态。Rivlin②(1992)指出政府竞争导致了公共物品和服务供给的不足,可以通过改革分税制度,让政府减少因竞争所带来的税收收入的减少。

分权体制下政府之间还存在着软预算约束的问题,也就是说当地方政府的税收收入和财力受限时,主要依靠上级政府的转移支付来获取财力的支持。然而如果这种援助难以得到时,就会导致地方政府由于财力困难而使居民公共物品和服务的供给水平下降。Niskanen③(1975)分析了在硬预算约束的情况下,居民对政府所提供的公共物品和服务进行付费,此时他们非常关心公共物品的生产成本,因此政府公共物品和服务的供给效率将会得到提高。McKinnon(1997)则认为地方政府对上级政府转移支付的严重依赖会导致地方政府扩大债务规模,而这不利于预算约束的硬化,通过分离财政权利和货币权利能够有利于硬化预算约束。Goodspeed④(2002)通过博弈论的方法讨论地方政府的软预算约束问题,他认为由于中央政府希望获得地方的选票,因此在地方政府出现财政困难时会加以援助,那么地方政府会通过借贷的方式扩大其公共支出水平,而此时如果中央政府不伸出援助之手,地方政府会因为债务规模的扩大而降低公共物品和服务的供给水平。Weingast⑤(1995)认为分权有利于硬化软预算约束,他指出在集权的财政体

① Break G F, Brookings Institution. Intergovernmental fiscal relations in the United States[M]. Washington, DC: Brookings Institution, 1967.

② Rivlin A M. Reviving the American dream: The economy, the states and the federal government[M]. Brookings Institution Press, 1992.

③ Niskanen W A. Bureaucrats and politicians[J]. Journal of law and economics, 1975, 18(3): 617 – 643.

④ Goodspeed T J. Bailouts in a Federation[J]. International Tax and Public Finance, 2002, 9(4): 409 – 421.

⑤ Montinola G, Qian Y, Weingast B R. Federalism, Chinese style: the political basis for economic success in China[J]. World Politics, 1995, 48(01): 50 – 81.

制下,地方政府总是寄希望于中央政府的财政援助帮助其度过财政困难的状况,中央政府要承担所有的财务负担,而分权则能够支持市场有效运作,防止政府规模的膨胀和过度干涉。

通过分权和公共物品供给的分析我们可以看到,政府行为的目的是为了弥补市场的失灵,从而实现资源的帕累托有效率的配置,然而有效率的市场结构怎样得以实现呢? 分权对于公共物品和服务的供给效率产生了影响,而这种影响的效果还取决于分权背景下的政治和经济激励。如何使地方政府官员的行为和公共利益达成一致是其中的关键,这直接影响着分权的效果。Enikolopov Ruben(2004)认为地方政府问责制的政治激励有助于提高地方政府官员追求有效率政策的动力,如果这种问责制缺乏的话,会导致地方政府官员的腐败和省际保护主义的出现。Seabright[1](1996)提出不完全合同模型对问责制和分权之间的关系进行研究。Tommasi(2003)通过委托人和代理人关系的分析,提出分权的必要性,得出问责制有利于提高政府公共物品供给的效率。

关于财政分权实践的效果如何,Breuss、Eller[2](2004)的研究表明对于已有经验的研究不能说明存在绝对的的准则指导政府之间如何分工和分配相应的政策工具。Kirchgassner(2001)的实证研究结论是财政分权起到了制约了公共部门规模的作用。Letelier(2001)的研究表明财政分权大大改善了教育的效率,但是对于改善公共健康的质量没有那么显著。Kim[3](2008)分析了与公共物品供给有关的分权问题,探讨了发展中国家与经济转轨国家特殊的政治和经济背景下分权和公共物品之间的关系,他认为分权的积极作用在于带来了地方政府的竞争、居民偏好的满足以及投票选举加强了对政府的监管,同时也带来诸如多级政府间协调和腐败的问题,政府低效率的问题等,因此政府对于公共物品供给效率的提高还有待于制度的设计和人力资本素质的提高。

---

① Seabright P. Accountability and decentralisation in government: An incomplete contracts model[J]. European economic review,1996,40(1):61 – 89.

② Breuss F,Eller M. Fiscal Decentralization and Economic Growth:Is there really a link? [J]. Journal for institutional Comparisons,2004,2(1):3 – 9.

③ Kim A. Decentralization and the provision of public services:framework and implementation[J]. The World Bank Development Economics Capacity Building, Partnership, and Outreach Team, Policy Research Working Paper No. 4503,2008.

二、国内相关研究文献综述

国内关于财政分权和公共物品供给的研究起步较晚,而中国的财政分权改革一直被视为转型国家成功的案例,钱颖一、Weingast(2005)的研究表明,中国的财政分权为地方政府维护市场的行为提供了激励,他们认为中国经济的成功,一部分是由于分权为市场化过程的持久创造了条件。维护市场的经济联邦制下的分权强调,特定公共物品的提供应该放到最有条件提供它的政府层次上去管理,政府对公共产品的管理取决于公共物品的性质和领域,中央政府负责管理国家领域的公共物品,如国防、外交、统一市场和货币体系等属于国家领域的公共物品应该集权于中央政府负责管理,地方政府负责管理属于地方领域的公共物品。

贾智莲、卢洪友[①](2010)通过动态因子法,实证检验中国省级地方政府自2001—2006年教育和民生类公共品供给的有关情况。得出的结果表明,财政分权没有提高地方政府对此类公共物品供给水平的有效性。乔宝云等[②](2005)以西方主流财政分权理论为基础,检验"用手投票"和"用脚投票"这两种机制在中国的适用性,通过以财政分权、小学义务教育的案例为分析,得出分权没有提高在小学阶段义务教育的供给水平。原因主要在于人口自由流动的障碍以及地区差异导致地方政府激烈的竞争,政府追求资本和经济增长的竞争行为挤占了政府对于义务教育的财政支出。

平新乔、白洁[③](2006)考察了财政分权与地方公共物品的供给,依据中国1999—2002年之间地方政府预算内和预算外收支数据,比较分析了地方政府预算内和预算外支出在教育、支农、基础设施、行政管理四个方面的情况,通过对比发现地方政府预算内和预算外的支出结构和职能是不同的,因此得出预算外的财政是地方政府财政激励的主要收入来源,而这种财政激励则导致了公共物品的供给结构和公共支出的偏差。

于长革[④](2008)认为财政分权背景下,地方政府有两大动机发展本地区

---

① 贾智莲,卢洪友.财政分权与教育及民生类公共物品供给的有效性——基于中国省级面板数据的实证分析[J].数量经济技术经济研究,2010(6):139-150.

② 乔宝云,范剑勇,冯兴元.中国的财政分权与小学义务教育[J].中国社会科学,2005,6(2010):7.

③ 平新乔,白洁.中国财政分权与地方公共品的供给[J].财贸经济,2006(2):49-55.

④ 于长革.中国式财政分权与公共服务供给的机理分析[J].财经问题研究,2008(11):84-89.

经济,即追逐地区经济利益的动机和以 GDP 为核心的政绩考核机制,通过这两个方面的动机,一方面带来了中国经济高速的增长,另一方面却导致政府忽视教育、医疗卫生等方面公共物品的供给,结果是我国公共物品供给不足以及城乡之间和地区之间的严重不平衡,提出的建议是要从财政分权体制和机制上调整和完善,从而提高我国公共物品和服务的供给水平。

樊纲①(2006)认为中国的分权必须地方化,中国的分权是中央集权制下的分权制,而不是所谓的联邦制。他提出,中国现在突出的问题是属于全国性公共物品现在也是要放在地方来供给,地方政府缺乏提供公共物品的财源,因此无法保证持续稳定地供给公共物品。所以他建议通过征收财产税作为地方供给公共物品的财源,之所以征收财产税是因为该税种和财产、居民、房产数量有关,能够和公共物品的供给挂钩。

傅勇②(2010)在中国财政分权背景下研究政府治理对非经济性公共物品供给的影响,文中首先对地方政府所提供公共物品划分为两大类,即经济型和非经济性公共物品,依据 1995—2008 年省级面板数据的实证检验,分析财政分权对教育和城市公用设施非经济性公共物品的影响,其中重点考察分权背景下地方政府治理对其的影响,通过财政负担率和反腐败两个指标来说明政府治理对于公共物品供给的重要性,得出的结论是分权使基础教育的质量下降,同时城市公用设施的供给减少,因此他建议需要从反腐败力度、户籍制度、社会保障、政绩考核等多方面增加分权体制的合理性,提高公共物品的供给效率。

丁菊红③(2008)通过研究中央政府和地方政府偏好的差异,指出这种差异影响财政分权的程度以及改变政府激励的结构,直接影响到公共物品供给效果。他还认为,公共物品供给的衡量有两个标准,量的标准从政府各项公共支出中反映出来,质的标准主要是效率的标准,主要在于公共物品的供给是否能够反映出居民的偏好,满足居民的需求,实现效用的最大化。

卢洪友等④(2012)通过建立公共服务的发展指数,通过对 2003—2009

---

① 樊纲.我国最突出的问题是公共品[J].经济观察报,2006;11 – 25.

② 傅勇.财政分权,政府治理与非经济性公共物品供给[J].经济研究,2010,8:4 – 15.

③ 丁菊红,邓可斌.政府偏好,公共品供给与转型中的财政分权[J].经济研究,2008,7:78 – 89.

④ 卢洪友,卢盛峰,陈思霞."中国式财政分权"促进了基本公共服务发展吗?[J].财贸研究,2012 (6):1 – 7.

年 30 个省 7 项公共服务的省级面板数据为依据,实证研究了财政分权对基本公共服务的影响,结果发现有两方面的效应影响了政府供给公共服务的效率,一是适度的收入分权增加地方政府财力,增加了公共服务的供给,这是正的效应,政府之间的投资竞争弱化了公共服务的供给水平,这是负的效应,然而由于负的效应超过了正的效应的作用,结果是中国基本公共服务供给的滞后,因此建议加入以社会福利指标为重点的地方政府绩效评估模式,改善公共服务发展滞后的状况。

官永彬[①](2012)通过运用 1987—2006 年省级面板数据分析财政分权对政府偏好的影响,在财政和政治双重激励下,地方政府对于公共物品的供给偏好和本地区居民的需求偏好不一致,并且这种不一致具有地区之间的差异性,因此这种地区之间的差异性是公共服务供给水平存在差距的主要原因。因此,他建议通过对政府激励结构的改革,使政府向公共服务型的政府转型。

龚锋等[②](2013)对财政分权与公共服务中义务教育和医疗卫生服务的配置效率进行了实证的研究,文中以公共物品 Samuelson 的效率条件界定公共服务配置效率的数量标准,使用财政分权多维指标检验义务教育和医疗卫生的配置效率,结果发现,不同的分权指标对不同的公共服务的配置效率有不同的影响,因此需要分别考虑不同指标和各类不同公共服务配置效率的关系,才能全面准确评估分权对于地方公共服务配置效率的真实影响。

二、对文献综述简要的评论

从以上的文献分析中可以看到,公共物品和服务供给不足是市场失灵的一个重要的方面,对财政分权和公共物品供给关系的理论是在公共物品理论的基础上发展而来的,其中公共物品供给所要达到的帕累托效率的条件被普遍认可,实现社会福利的最大化也成为公共财政要实现的社会目标。国外对财政分权和公共物品供给关系的研究已经较为成熟,但是大多研究只适合西方经济发达国家的分权模式,而较少关注到发展中国家和转轨国家的情况,而发达国家的分权模式在发展中国家和转轨国家是不适用的。

[①] 官永彬.财政分权,双重激励与地方政府供给偏好的异质性[J].重庆师范大学学报:哲学社会科学版,2012(1):102-111.

[②] 龚锋,卢洪友.财政分权与地方公共服务配置效率——基于义务教育和医疗卫生服务的实证研究[J].经济评论,2013(1):42-51.

同时我们也看到,关于财政分权能够提高公共物品供给效率的文献大都是在严格假设条件的基础上得到的结果,而在实际的经济中,这些条件可能是无法满足的,因此帕累托有效率的公共物品供给也很难真正实现,因此需要对影响分权效果的因素进行进一步深入的研究,通过研究找出问题的所在,以期改善这些抑制分权效果的因素从而改善公共物品和服务的配置效率是今后我们需要努力的方向。总体来讲,我国财政分权和公共物品供给的研究还很不足,特别是关于分权体制下公共物品有效供给的研究更显不足,大多数的研究还缺乏理论的基础和背景。

第三节　本书研究内容与研究方法

一、研究内容

公共物品供给的问题对于国家经济的发展起着很重要的作用,因此关于这一问题的研究很早就已经被关注到了,对公共物品比较精确的定义源自 Samuelson《公共支出的纯理论》一文,Samuelson 对于该领域的研究奠定了公共物品理论的基础,之后随着更多经济学家对公共物品理论的更加深入的研究和发展,推动了经济学尤其是公共经济学的发展。对于公共物品和服务供给不足的现象,随着经济的不断发展和进步,这种不足不仅仅是公共物品供给量的不足,同时公共物品质的需求也存在着不足和短缺,因此仅仅只从市场失灵的角度去关注这一领域已经远远不够,问题的解决还需要从更加全面的角度去分析和探讨,在当今分权的财政体制背景下,如何有效地提高公共物品的供给,既包含量的需求同时也包含了质的需求,实现公众的社会福祉是研究财政分权背景下公共物品有效供给的目的所在。

本书通过从财政分权视角对于公共物品供给的分析,希望能够对解决公共物品供给不足的问题有所帮助。本书第二章首先以公共物品理论作为分析的出发点,通过比较详细地阐述公共物品的概念、特点和公共物品的类目,使得对公共物品的基本属性和划分方法有一个清晰的认识和了解,以此为基础通过局部均衡分析和一般均衡分析得到公共物品有效供给的效率原则。第三章延续第二章的理论分析,从财政分权的理论出发进一步分析关于公共物品供给的效率问题,分别从传统财政分权理论和第二代财政联邦主义理论、公共选择理论、福利经济学理论的角度深入探讨公共物品供给不足的问题,从理论分析中来阐释政府在有效供给公共物品和服务中的职能作用。在建立分权与公共物品理论模型的基础上,综合考虑财政激励、考核机制等对公共物品供给的影响机制,最后从社会福利的角度来评价财政分权的效果如何,以此来完善模型的整体架构。第四章从我国实际出发,首先回顾我国财政分权体制的变迁过程,包括财政分权依据的原则,以及在此原则的指导下我国分权制改革的具体阶段和相应的内容。从我国公共物品供给总量和结构两个方面着手阐释公共物品供给的现状和存在的不足。分析了我国公共物品供给领域中基础设施、基础教育、医疗卫生、社会保障以及就业服务五个方面的具体内容,使我们对总体现状有一个非常清楚的了解和认识。第五章在财政分权体制背景下进一步考察财政激励对我国公共物品和服务供给的影响效应,首先提出财政分权体制下政府财政激励的影响机制,而中央和地方财政收支关系的变化是这一机制的核心内容。从财政激励和政治激励两个方面所带来的地方政府竞争对这一问题进行分析,在此分析的基础上借助实证方法检验分权化改革过程中地方政府财政激励的变化情况,这一分析涵盖了预算内和预算外收支两个方面的内容。第六章以前面内容的分析为基础,结合我国省级空间面板数据对财政分权、经济开放和公共物品供给关系进行实证检验,本章使用空间计量经济学的方法,把公共物品外溢性以及地方政府竞争引入模型的分析中,使得实证分析的结论更加可靠。首先提出关于这一问题研究的假说,建立空间面板计量经济模型检验假说,最后得出实证检验的结论。本章实证考察不同省份之间公共物品供给的差异性,重点考察财政分权和经济开放两个主要对公共物品供给的影响因素,同时结合财政分权体制背景下的制度变量以及控制变量等分析了不同省份之间公共物品供给的现状和不同,以期找出问题的所在和解决问题的途径。第七章是对本文内容的总结,结合实际的情况以及实证检验假说的结果,力图提出有效的政策启示和建议,希望对我国财政分权体制的改革能够有所帮助。

二、研究方法

本书以公共物品理论和财政分权理论为指导,所使用的研究方法有,规范分析与实证分析相结合、宏观分析与微观分析、比较分析、定性分析与定量分析。

规范分析法和实证分析法是经济学分析的两种最基本的方法,规范分析关注和研究"应该是什么",具有价值判断的标准。实证分析主要回答"是什么",不关注价值判断的方面,主要描述经济运行的现象和客观规律。本书主要采用了经济学的这两种基本的分析方法,通过经济理论模型,得到经济运行中实际的公共物品和服务供给不足的本质,力求找到影响其不足的因素,通过提出假说,借助经济计量模型对财政分权和公共物品供给之间的关系进行理论和实证的探析。

宏观分析和微观分析也是西方经济学常用的研究方法,宏观分析侧重对一个国家或一个地区经济运行的现象或者规律的分析和研究,主要关注经济整体的运行情况,借助于宏观视角的研究方法,本书关注省级地方政府和我国东中西部三大区域财政分权对公共物品和服务的影响情况。微观研究的主体是单个的居民、厂商,也就是市场当中的个体。居民对于公共物品的异质性偏好就是基于微观经济学中理性人的假设,另外公共物品的外部性使得搭便车成为可能,居民的理性行为使得每一个人不愿意显示自己的真实偏好,即不愿意为公共物品付费的行为都是基于这一微观的基本假设,在分析分权所引致财政激励对政府支出偏好和地方政府行为的影响时,运用微观经济学中关于理性经济人追求自身利益最大化的假设出发来考虑这种偏好的不同和政府的竞争行为。

比较分析包含了横向分析和纵向分析两种方法,横向分析主要关注同一时间具有相关关系的事物的比较,揭示静态下事物的差异性,而纵向分析探索不同时间条件下事物变化的历史轨迹,也就是时间序列的分析。本书运用比较分析法研究我国财政分权改革的进程以及地方公共物品供给的差异性,通过横向和纵向的比较来找出存在的问题和解决的办法。

定性分析为定量分析提供研究的基础,定量分析使经济分析更加科学和实用。定性分析比较事物的异同,通过概括事物的类型去把握事物的规律性,而定量分析通过对研究对象数量关系的度量和计算,避免了定性分析可能出现的主观随意性。本书的第四章、第五章和第六章运用了定性分析和定量分析结合的方法对政府收支的变化和公共支出的规模以及分权和公共物品供给之间的关系进行了研究。

第四节　本书主要创新之处及不足

一、研究难点与不足

我国的财政分权体制不同于西方发达市场经济国家的分权体制,主要的不同在于收入相对集权,而支出分权过度,因而在分析财政分权对于公共物品供给、经济增长的影响情况依赖于使用何种分权指标,即是使用支出分权指标还是收入分权指标来进行相关问题的研究,而实际上对于财政分权的指标应是多维的,单一的收入或者支出的分权指标都只是其中的一个方面,不能全面揭示所有的情况,因此对于这一问题的存在,本书并没有能够构造出多维的财政分权指标,这还是今后需继续深入研究和探讨的方向。关于理论分析的部分也是本书的一个难点所在,任何的经济模型都是对现实经济运行的描述,并且以此来解释和说明经济运行的规律,而数据是用来说明真实经济运行的状况,在理论的基础上运用计量经济模型进行实证的检验是分析的重点所在也是难点所在,由于统计数据获取的困难,省级以下特别是县域经济数据很难获得,在对财政分权和公共物品研究中很难延伸至县域一级的分析,这也是本书的不足之处。本书主要关注财政分权体制下政府间财政关系的视角来获得地方公共物品有效供给的解决途径,而政府也存在着失灵,因此公共物品的其他提供方式,比如私人自愿提供的方式没有纳入分析中来,这也是本书的不足之处,只能留待今后对该问题进行更加深入地研究。

二、创新之处

本书从财政分权的视角研究地方公共物品的供给,并且从财政体制的角度出发,对中国地方公共物品的供给进行了研究,以公共物品理论和财政分权理论作为分析的基础理论,结合中国财政分权体制的具体情况,运用多种研究方法分析和解决问题,为完善我国财政分权体制,不断提高地方公共物品的供给效率提供了一定的参考依据。本书对财政分权和地方公共物品的供给做了实证的研究,使用空间计量经济学的方法,把不同地区空间的相异性纳入对问题的分析中来,公共物品的一个主要的特点是具有外部性,因此在考虑实际的经济运行时,公共物品自身的外部性以及地区之间资本流动等外部因素的影响也应纳入对问题的分析中来,因此本书的创新之处是综合考虑了多方面的内因和外因的作用,借助于空间滞后模型中的滞后项和空间误差模型中的随机扰动项,通过建立空间权重矩阵把相邻地区之间的关系考虑到实际问题中来,使得在此基础上计量模型估计的结果更加真实可靠。

第五节　数据来源说明

本书中 1980—2012 年财政和经济发展数据取自于各年《中国财政年鉴》《中国统计年鉴》《新中国五十五年统计资料汇编》《新中国六十年统计资料汇编》及各省、自治区、直辖市统计年鉴;地方政府竞争的数据来自《中国统计年鉴》《中国工业经济统计年鉴》和《中国税务年鉴》;有关人口的数据则来自于各年的《中国人口普查资料》《中国人口统计年鉴》以及《中国人口和就业统计年鉴》;有关教育的数据来自《中国教育统计年鉴》;有关医疗卫生的数据来自《中国卫生统计年鉴》;有关社会保障的数据来自《中国统计摘要》。

第二章　公共物品有效供给理论分析

第一节　公共物品的涵义

要分析公共物品的最优供给,先得弄清楚公共物品的概念。马歇尔新古典经济学比较详细地分析了私人物品(private goods)的生产和消费,在他的理论中市场机制是完美无缺的,因此在竞争性的市场中的消费者追求效用最大化的行为和生产者追求利润最大化的动机和行为自发地实现了交换和生产的均衡。然而,在实际的经济生活中,不单单只有私人物品的存在,还有其他非私人物品即公共物品的存在。这些公共物品一旦被提供出来任何一个人对它的消费都不会影响到或者减少其他人对它的消费,同时也不能排除消费者对它的消费,比如一个国家的国防、公路、公共设施、公园、公共教育、法律,等等,这些物品都具有和私人物品不同的性质和特点,因此被称作为公共物品(public goods)。

关于公共物品概念的提出,著名的哲学家 Hume[①] 早在 1739 年的著作《人性论》中就曾提到过,他描述了这样一个现象,两个邻人可能达成这样一个协议,共同在一块平地上排水,但是同样的协议在 1000 个人当中却很难达成,因为每一个人都想坐享其成,把负担转嫁给其他人。因此,他认为对于每一个人都有好处的事情,只有通过集休的行动或者政府的参与才能够完成。从中我们可以看出,Hume 的分析其实包含了关于公共物品的这样的内容,即对于自私的人们之间存在着某些共同消费的物品,这些物品从整个社会来看是必不可少的,而由于这些物品的提供中人们存在的坐享其成的心

---

① Hume. D. A treatise on human nature[M]. Oxford:Oxford University Press,1895:15 – 20.

理的可能性,该公共物品的生产和提供必须通过集体行动或政府的参与才能有效实现。因为公共物品的提供和国家、政府有关,因此早期的学者主要是在政治学和哲学中涉及到有关公共物品的问题和描述,还没有人从经济学角度提出有关公共物品的理论。Adam Smith[①] 的《国富论》中提到君主要执行的职责有三个方面:保护本国和社会的安全,保护人民的安全,以及建立、维护公共机关和工程。之后,英国的经济学家 John Stuart Mill[②] 描述了灯塔的案例,由于对于灯塔的提供难以收取相应的费用同时也无法排除他人受益,因此最终使得灯塔的提供难以有效实现,也就是在市场机制下私人对于灯塔这种公共物品提供存在着市场机制的失灵。关于这一问题的出现,Pigou 认为,灯塔的建造没有给私人带来经济福利,因此成本需由政府来支付。Samuelson 则认为灯塔为政府提供公共物品的典型案例。Coase 则不这么认为,他提出灯塔可以私人建造并且经营,私人的运营比政府的运营更有效率。关于灯塔的探讨,不仅仅涉及到公共物品究竟该由谁供给的问题,更多的是关于公共物品的属性,即公共物品的概念。

关于公共物品的概念,Samuelson[③] 给出了严格的定义,他认为纯粹的公共物品是每个个人对这种物品的消费都不会减少其他人对该物品进行的消费。Samuelson 对于公共物品的定义是和私人物品的对比得出的,他假定有两类供不同个体消费的物品,即纯粹的私人物品和纯粹的公共物品。对这两种物品的区别由以下的定义给出:

对于私人物品而言,满足:$X_j = \sum_{i=1}^{n} X_j^i$

也就是说,对于任何的一个消费者 i,商品 X_j 的总消费量等于所有消费者 i 所拥有和消费的该种商品的总和 $\sum_{i=1}^{n} X_j^i$,这说明私人物品的消费是可以在消费者之间进行分割的。

对于公共物品而言,则满足:$X_{n+j} = X_{n+j}^i$

也就是说,对于任意的消费者 i,他所消费和支配的公共物品的量 X_{n+j}^i 就是该公共物品总的供给量 X_{n+j},这说明对于公共物品,任何一个消费者对它

---

①　亚当,斯密. 国民财富的性质和原因的研究[M]. 北京:商务印书馆,1972.

②　约翰,穆勒. 政治经济学原理(下卷)[J]. 商务印书馆,1997:42.

③　Samuelson P A. The pure theory of public expenditure[J]. The review of economics and statistics,1954:387 – 389.

的消费都是不可分割的,即每一个消费者消费的总量都是相同的。

从 Samuelson 关于公共物品的定义中我们可以看到,公共物品是集团中的所有成员都能均等消费的商品,如果集团中任何的一个成员能够得到一个单位的消费,那么该集团中的其他的个人成员也能够得到一个单位的消费。Samuelson 给出的定义是非常严格的,也就是说所有的人都可以消费同样数量的公共物品供给量并且可以从中获得消费所带来的好处。Musgrave①也给出了关于公共物品的定义,他认为公共物品是非竞争性消费的物品,通常还具有消费的非排他性。从他的定义中,前面是说公共物品的消费具有非竞争性,后面是说公共物品的消费具有非排他性。公共物品一旦被生产出来,增加任何一个人的消费都不会减少其他人对它的消费,因此从整个社会来讲也就没有任何理由排除潜在消费者(没有付费)对它的消费。关于这一概念的提出成为了教科书中关于公共物品的主流定义,从 Samuelson 和 Musgrave 的定义中可以看出消费上的非竞争性和非排他性是判断公共物品的主要标准。Buchanan②则与此主流定义不同,他没有从公共物品的特征入手,而是从公共物品的供给机制方面着手,他提出人们观察到的有些物品和服务借助市场可以实现需求和供给,而还有的物品和服务借助政治制度可以实现需求和供给,前者是私人物品,后者是公共物品。Buchanan 认为,随着消费公共物品的集团规模和相应产权结构的变化,即使该公共物品的非竞争程度可以辨别,然而物品的非竞争的特征不可能一直保持不变,可见 Buchanan 对于公共物品的理解没有拘泥于公共物品的非竞争性的特征上。

以上学者对于公共物品的定义其实侧重点不同,分别从公共物品的特征和公共物品供给的机制给出了不同的定义,而现代主流经济学认为 Samuelson 的定义是比较严格和精确的,是公共财政理论和公共选择学派的基础理论。

第二节 公共物品的本质属性

广义来讲,公共物品包含的内容是比较宽泛的,凡是和公共利益或者行

---

① Musgrave R A. The theory of public finance: a study in public economy[M]. New York: McGraw - Hill, 1959:10.

② Buchanan J M. An economic theory of clubs[J]. Economica, 1965, 32(125):1 - 14.

为相关的产品和服务都可以视为公共物品。经济学家 Stiglitz 提到,政府活动的本身就是一种公共物品。其中不但包含有形的公共物品,比如基础设施、公路、公共工程等,同时包含法律、社会保障、公共医疗、产权制度无形的公共物品。关于公共物品的概念和特征,经济学家从不同的角度给出了不同的内容,最受到普遍认同的是 Samuelson 给出的定义,也就是公共物品是具有非竞争性和非排他性的物品。公共物品的概念无论以何种形式出现,如国防、军队、道路、社会保障等,都有着大致相同的属性和特征。因此对于公共物品,无论最初的形成原因是君主的需要或是阶级斗争的产物还是社会形成的公共契约,公共物品都具有消费的非竞争性和非排他性的特征。根据 Samuelson 关于公共物品的定义,判断一种物品是不是公共物品首先是看该种物品消费上是否有非竞争性,同时需进一步判断该种物品技术上是否具有非排他性,如果同时具备了这两种属性,则被视为公共物品。如果一种物品既没有消费的非竞争性,又不具有技术上的非排他性,即该种物品是可以排他的,则这种物品可以被视为私人物品。对于私人物品来说,通过市场机制是可以实现供求的均衡的,而对于公共物品而言,由于其具有很难排他消费的特征,市场机制有可能失灵,因此需要公共部门提供。

一、公共物品的基本特征

(一)非竞争性

什么是公共物品的非竞争性、非排他性呢? 当一种商品的消费在增加任何一个消费者对它的消费时,其增加的边际成本为零,此时我们可以说对该种商品的消费具有非竞争性,比如消费不拥挤的道路、桥梁等。公共物品消费的非竞争性主要来自于对商品消费的不可分性,也就是说在商品的消费还没有达到饱和之前或者充分消费之前,增加任何一个消费者对它的消费,都不会增加生产的成本。从公共物品的定义我们可以看到它具有消费的非竞争性,也就是公共物品具有这样的属性和特征,增加任何一个消费者对它的消费都不会减少其他消费者消费公共物品的数量,也就是说每一个人消费公共物品的量都是相同的。反之竞争性则是消费者的增加或者对某种物品消费数量的增加会引起该种商品生产成本的增加。而公共物品则不具有竞争性,例如电视信号、广播、路灯等,它们所具有的共同的特征是消费者人数或者消费数量的增加并不会对生产成本产生任何的影响。比如增加其他消费者看电视或者收听广播,都不会增加电视发射和电台发射的成本,夜间享受照明路灯的人们的多少也不会增加路灯的生产成本。但是,即使有些商品在消费上具有非竞争性也不一定就能保证它同时具有非排他性,例如对公路进行收费,但是这样做可能并不具有效率。按照效率的条件,厂商定价应是依据价格等于其边际成本的原则,如果公路由私人提供,他们应该会收取等于其边际成本的费用,既然每一辆汽车的消费花费生产者的边际成本几乎为零,那么提供者对每一个消费者收取的价格也应该为零,市场最终的结果是私人不愿意提供这些产品。

因此可以得到公共物品的非竞争性主要在于以下几个方面,公共物品具有不可分的性质,在此基础上,对公共物品的消费达到饱和或拥挤之前,增加任何一个消费者的消费的边际成本为零,另外对于国防等纯粹的公共物品是无法通过市场机制来提供的,经济学理论分析认为,由于私人投资公共物品的生产无法获得相应的回报,因此纯公共物品只能依靠国家和政府的力量来进行投资和生产。

(二)非排他性

对于私人物品来讲,由于所有权使得拥有该物品的消费者能够唯一地对其进行消费,而对于纯粹的公共物品,这种排他性就不存在了。公共物品在技术上很难排除众多人对其收益,比如国防,只要是在这个国家居住的人们都受到国防服务的保护,想要排除任何人不受其保护是很困难的,可见,公共物品是具有非排他的特征的。因此,排他性指的是任何一个消费者购买并且得到一种商品的所有权之后,就能够排除另外的消费者于该商品的受益范围之外。非排他性恰恰相反,正是由于公共物品的非排他性,使得市场交换机制在供给公共物品时出现失灵的现象。而对于生产者来说,如果不能把那些没有付费的人排除在商品消费之外的话,就很难弥补商品的生产成本。从消费者的角度来看,消费者的购买行为显示了他对于商品的真实偏好,然而,公共物品一旦被生产出来,由于其非排他的性质,任何的消费者都可以不用付费就获得对它消费的权利,也就是说,任何的消费者都可以有"搭便车"的行为。消费者搭便车的行为使得生产公共物品的厂商有可能不能获得弥补生产成本的好处,这样的话,厂商是不会愿意提供公共物品的,市场机制在提供公共物品时出现了失灵。因此,可以得到公共物品的非排他性主要来自于两个方面,首先是技术上很难排除众多的消费者对其消费,从中获得好处,其次即使在技术上可行,但是由于排他的成本太高昂,在经济上也是不可行的。

(三) 不可分割性

从以上的分析我们可以总结出公共物品的两大基本特征是非竞争性和非排他性,正是这两大特征的存在使得公共物品在消费上具有不可分割的性质。所谓公共物品消费效用的不可分割性,指公共物品一旦被提供出来,其受益的范围是全体社会成员,因此全体社会成员都能够共享公共物品所带来的效用,但却不能把该效用进行分割成为若干部分给不同的个人享用,也就是说不能像私人物品那样,只要对其付费就拥有了获得好处的权利。因此,由于公共物品的不可分割性,不管消费者有没有付费或者付费多少,每一个消费者都能够获得相同数量和等同的消费,这也就是厂商不愿意生产和提供公共物品的原因所在。公共物品消费的不可分割性使得每一个消费者对它的消费很难有一个明确的界限,同时也就很难形成它的市场价格,单纯依靠市场机制是无法实现它的有效供给的。正是由于这些特征的存在,公共物品的市场有效提供很难实现,只能够依靠公共部门来弥补市场的失灵,提供公共物品以满足人们对于公共物品的需求。而私人物品的产权是很明晰的,它具有不同于公共物品的排他性、独占性的特点,使得私人物品的消费是可以分割的,即同一私人物品不能为两个不同的消费者同时消费,他们的消费是可以分开的。

公共物品的存在满足了人们共同的利益,实现的是公共的价值,因此公共物品是大家能够共同受益的物品,具有公益的性质。公益是与社会同步发展的,即使是私有制社会,公共物品也是不可或缺的,无论私人的力量有多么强大,对于国防、公路等公共项目,私人的力量还是有限的,需要集体的力量才能够实现。随着社会的发展和进步,公共物品的公共性和公益性的发展越来越重要,比如公共福利、公共卫生等,由此也体现了社会是不断进步的。

二、公共物品的社会特征

前面我们分析了公共物品的非竞争性和非排他性以及不可分割的性质,公共物品的这些特征通过经济学的分析已经被广泛运用。通过这些特征的分析发现,像公共医疗、社会福利等被普遍接受和获得受益的公共物品,应该是用来增加和体现社会的公平程度的,从而消除由于贫富差距所造成的社会不公平的扩大。因此,在当今社会,公共物品的公共性所涵盖的社会公平性是极其重要的,也是公共需求的重要思想。公平首先体现在公共物品的供给过程,由于公共物品本身的非竞争性、非排他性的特征,供给的过程中不可避免地会出现"搭便车"的行为,从中可以看出集体中的每一个人不管是富人还是穷人都可以享受到公平的公共物品的供给。

其次,公平还体现在公共物品的供给机制上,由于"搭便车"可能性的存在,在市场机制的作用下,对于追逐利润的厂商和个人,他们是不愿意来提供不能获得相应报酬的公共物品的,因为有着即使不付费也可以享受公共物品可能性的存在。在这种市场失灵的情况下,政府须通过一种公平的机制,向全体社会成员提供不可或缺的公共物品和服务,政府供给公共物品的费用主要来自于税收收入,通过向富人多征税和向穷人少征税或者不征税的原则体现这种公平的机制。最后公平性还体现在供给本身,政府提供公共物品一方面在于弥补市场机制的失灵,维护社会的公平和公正,同时,满足人们的这种公共需求是以社会福利最大化和人均福利最大化为最终目的。政府提供公共物品的目的和厂商是不同的,后者以利润最大化为目标,而政府向公众提供合意的物品是满足社会全体成员的公共需要,维护社会的公平和公正。从这个角度来看,不同的经济发展水平下,公共物品的供给中集中了社会的价值和道德标准,是由人们的集体偏好所达成的社会共识和社会偏好。相反,如果公共物品的提供不能体现公平的原则的话,就可能会出现政府失效的情况,引起一些社会问题的出现。对于穷人来讲,他们所占有的社会资源较少,因此他们主要依靠政府提供的社会保障获取更多的资源来维持生活,如果公共物品如公共医疗、教育缺失的话,将会扭曲公共物品的公平性原则,给穷人带来很大的影响和困难,甚至难以为生,这就失去了公共物品满足公共需要的公平和公正的原则,也违背了社会的价值和道德标准。

因此,当今经济社会,对于满足集体偏好的公共物品的供给,我们应该首先秉承公平优先的原则,不能因为一味地追求效率而破坏掉公平,即使是在市场化取向的今天,对效率的追求也不能以牺牲公平为代价,政府在公共领域的职责和主导地位将发挥着重要的作用,从而保证公共物品供给的公平和公正性,这也是社会和谐发展非常重要的一个方面。

公共物品的外部性是产生"公共问题"的主要原因,所谓的外部性指的是一个经济主体的行为或者活动对其他行为主体的成本和收益会造成一定的影响。现代经济学关于外部性的分析出现得比较晚[①],而在出现后越来越广泛地成为对许多经济问题分析的工具,关于公共物品外部性的讨论,Varian[②]认为当一个行为主体的行动不是影响到市场中的价格,而是影响到另一个行为主体的环境时,就可说产生了"外部性"。从他的分析中可以看出人们之间的相互行为或者在进行相互交易的时候存在着一定的利害冲突,一个人有可能要承担别人行动时所产生的成本或者收益,如果这种影响带来的是受益的话,我们说此时存在的是正的外部性,如果这种行为所带来的是不好的影响的话,此时存在的是负的外部性。

Snow 认为个人的成本或收益与社会的成本或收益之间有差异的话,则说明有第三方或更多方在没有获取许可的情况下承担了部分成本或者获得了一些收益。也就是说人们的行为所产生的个人成本、社会成本不相等,个人收益、社会收益不相等时,就产生了"外部性"。Snow 的这一分析是从交易成本的角度对个人成本和社会成本、个人收益和社会收益进行的定义,强调了这种差异性对第三方所带来的正的和负的影响。Buchanan 从效用的角度分析公共物品的外部性,他认为如果一个人的效用函数中包含了其他人的行为变量的话,就说明别人的行为对这个人的效用产生了影响,这种影响可能是正的也可能是负的,Buchanan 的这一分析更具有普遍性和概括性[③]。经济学家们从不同的角度探讨了有关公共物品外部性的定义,从中可以总结出所谓的外部性,是由于成本和收益没有能够在个人之间或者组织之间恰当地进行分配,使得人们宁愿放弃他们可以获得的好处。由于公共物品的不可分割和非排他性,公共物品具有共同消费的特点,这就使得供给者没有办法排除非供给者对该物品的消费,供给者可能会对非供给者造成好的或者坏的影响;或者是,一个消费者在对公共物品进行消费时有可能会对其他非消费者造成一定的好的或者不好的影响,即正的或者负的外部性的存在。由于公共物品存在着一些消费者不用付费就可以消费公共物品的可能性,即"搭便车"行为,此时没有付费的消费者就获得了正的外部性;负的外

① 外部性最早是由马歇尔在 1890 年的著作《经济学原理》中所提出的,可以参马歇尔《经济学原理》,商务印书馆,1964 年,第 325 - 332 页。
② Varian H R. Microeconomic analysis[M]. New York:Norton,1984:259.
③ 罗必良,王玉蓉. 外部性问题、校正方式与科斯定理[J]. 经济科学,1994,6:50 - 57.

部性是在社会整体中,个体消费公共物品的行为会对其他人的权益带来不利影响,此时会造成公共物品供给的非理性行为。

因此,关于公共物品的外部性问题越来越得到人们的重视,在公共物品的领域中,不同的利益主体之间的行为,或者说占有公共物品的权利的大小,都会对其他利益主体造成一定的损失,会使得矛盾比较突出,如何协调公共物品外部性在不同利益个体之间的矛盾问题,是政府供给公共物品的重要原因,需要政府通过制度的设计来克服外部性的问题,即搭便车的机会主义行为及不同利益主体之间的矛盾问题,这些都是公共物品供给中需要解决的难题。

综合以上关于公共物品特征的分析,我们可以看出公共物品是人类社会发展过程中公共需求和共同利益所必需的物品,其所具有的特征是人们选择的结果,只有充分弄清楚公共物品的性质和特征,才能够更好地为公共物品供给机制的设计提供好的依据和前提。

第三节　公共物品层次的划分

一般来说,对于公共物品的分类主要是和私人物品的对比进行的划分,这样的划分是基于人们对公共物品和私人物品的不同的需求和供给的性质,这种划分的方法长期以来有利于进行理论上的研究。

通常来讲,经济学家主要从公共物品的非竞争性和非排他性的特征区别公共物品和私人物品,判断一种物品的属性,首先是看它是否具有非竞争性,如果具有非竞争性的话,再进一步地分析它是否能够排他地进行消费,如果它又同时不能够排他地进行消费,此时该物品就是纯粹的公共物品。纯粹的公共物品如国防、法律法规、社会治安、环境污染防控、消防、天气预报、电视、广播、路灯等,公共物品的这两大特性非竞争性和非排他性使公共物品的产权很难界定,又由于其在消费上不可分割的特征,市场无法有效提供公共物品,一般认为这类物品应该由政府来提供。因为非竞争性使得公共物品边际生产成本和边际拥挤成本都为零,这意味着私人供给者无法通过收取相应的费用来弥补生产的成本,而非排他性使得提供者无法在技术上排除不付费的人对公共物品的消费,或者说排除这部分人的成本太高以至于会产生排他的不经济,基于此,私人部门是不愿意提供该类公共物品的。

与之相反,如果一种物品既没有非竞争性又没有非排他性,此物品是纯粹的私人物品。对于私人物品来讲,我们在市场中通过购买就能够拥有该物品的所有权,就排除了任何其他的人对该物品的消费,一般认为私人物品由市场提供就能够实现资源配置的效率原则。因为私人物品在技术上是可以排他的,即可以实现以较低的成本提供给对该物品付费的人进行消费,同时私人物品的产权界定是清晰的,因此通过市场的交换就能实现供求均衡和资源的配置效率。

在实际生活当中,更为常见的公共物品是部分具有非竞争性和非排他性的,有两种情况加以分析,也就是介于纯粹私人物品和纯粹公共物品之间的物品,既具有私人物品的特点,同时又具有公共物品的特点,称为准公共物品或混合公共物品。第一种情况是我们在判断一种物品具有非竞争性的同时,如果能够排他地进行消费,或者说排除他人消费的成本比较低的话,此时这种物品就同时具有了非竞争性和排他的性质,我们叫作准公共物品或者俱乐部公共物品。之所以叫作俱乐部公共物品,主要是根据 Buchanan 的俱乐部理论中所提到的具有相同偏好的人们组成俱乐部共同享有公共物品的消费。俱乐部公共物品具有非竞争性和排他的性质,比如电影院、高速公路、夜总会等。对于俱乐部公共物品,在没有达到拥挤之前,任何付费的消费者都可以对该物品进行消费,任何一个消费者对其消费都不会减少其他消费者消费的数量,也就是每增加任何一个消费者所带来消费的边际分配成本都是零。

第二种准公共物品的情况是一种物品具有竞争性的同时又具有非排他的性质,我们称之为公共池塘类公共物品,如公共的草地、矿藏、水资源等。该类准公共物品在消费上是公共的,具有非排他的性质,或者是该资源系统非常大,大到排除任何一个消费者对其进行消费的成本都非常高,因此很难排他地进行消费,同时该物品又是竞争性的,即每一个人都可以自由地对该系统内的资源进行消费和获取收益,此时就产生了竞争,会导致过度消费和拥挤的问题。对于这类消费上很难排他或者说排他成本很高的公共物品经济学家 Ostrom 称之为公共池塘资源①。通过以上的分析我们可以总结出,私

---

① Schlager E, Ostrom E. Property – rights regimes and natural resources: a conceptual analysis[J]. Land economics, 1992: 249 – 262.

人物品具有完全的竞争性,即任何一个消费者消费了某商品就会使得其他消费者无法获得该商品的消费,或者说一个消费者对某商品的消费是以牺牲其他消费者对该商品的消费为代价而获取的。而公共物品则是非竞争性的,集体中的任何消费者对某一商品的消费都不影响其他消费者对该商品的消费。准公共物品具有一定的竞争性,也就是存在着拥挤的可能性,即增加一个消费者对该商品的消费会减少之前消费者从该商品获得的收益,也就是说增加额外一个消费者的消费时产生了机会成本。准公共物品一般具有部分非竞争性和部分非排他的性质,会产生消费的机会成本,使人们消费的收益降低,因此,在对此类物品进行消费时,当人们的数量达到拥挤点之后,就会带来所谓的拥挤产生的成本,而此时增加额外一个消费者的消费所产生的边际成本都为正。

通过以上关于公共物品的分析可以得到下面的表格。

表 2-1 公共物品的类别 I

纯粹私人物品	纯粹公共物品	准公共物品	
竞争性 可排他性	非竞争性 不可排他	俱乐部公共物品	公共池塘类公共物品
		非竞争性、可排他	竞争性、不可排他
衣服、鞋子、食物、私家车、书籍等	国防、法律法规、社会治安、消防、环境保护、路灯、广播、电视等	电影院、高速公路、社会保障、教育、桥梁、电力、自来水、夜总会、酒吧等	淡水资源、矿藏、公共草地、渔场等

前面关于公共物品的划分主要是以公共物品两大基本特征为基础的,这种理论上的划分并不能说明公共物品在实际经济中的全部,对于任何事物的分类是复杂和多样化的,从不同的角度、不同的时期或者以不同的研究为目的,我们可以找到不同视角的划分标准和分类的结果,对于公共物品的划分也是如此。根据公共物品受益范围和外部效应的影响范围,公共物品的划分包括:全球公共物品、全国公共物品以及地方公共物品。Stiglitz[①] 认为地方公共物品是在某个地方居住的人才能够受益的公共物品,比如地方公共基础设施中的路灯和消防,而全国性公共物品是在一国居住的居民都

① 约瑟夫·E·斯蒂格利茨.公共部门经济学(第三版)[M].北京:中国人民大学出版社,2005:625.

可以受益的公共物品,比如国防。全球公共物品越来越受到普遍的关注和重视,特别是全球气候问题成为全世界范围的公共物品,全球气候变暖成为了世界各国消费的公共物品。因为一些物品的消费只是在一定的地理范围内才可以获得好处,因此根据公共物品所服务的地理范围或者公共物品外部性的影响范围,我们可以将它划分为以上三种类别的公共物品。其次,进一步地可以把地方公共物品分为两类,即城市公共物品、农村公共物品,也就是公共物品所服务的地理范围是不同的,这种公共物品划分的类别是和我们国家的实际情况比较吻合的,比如城市和农村不同的社会保障制度等。

根据以上的分析总结得到如下表格。

表 2-2　公共物品的类别 Ⅱ

全国公共物品	全球公共物品	地方公共物品	
		城　市	农　村
一国全部居民都可受益:国防、法律法规、电力、通讯通信	外部性的影响范围是世界性的:全球气候变暖	居住在城市的居民使用:城市基础设施水电气、城市绿化、排污、公园、路灯	居住在农村的居民使用:农村用电、公路、病虫害治理、技术推广

另外,还有其他一些划分。根据公共物品的形态可以分为有形的和无形的公共物品,有形公共物品主要是物质类和硬件类的,如基础设施、公园、道路等,无形公共物品主要是公共服务类,如政府提供的社会保障、义务教育、公共医疗、社会治安等。按照公共物品提供主体的不同,分为政府提供、市场提供和非营利组织提供三种情况。

根据不同的研究内容和研究目的,国内学者对公共物品也提出了一些不同的分类,傅勇①(2010)把地方政府供给的公共物品分为经济性和非经济性两类,他指出之所以作此划分主要是基于研究地方政府行为的视角,因为对于地方政府的竞争,表现在他们吸引资本的行为是不同的,这就在于经济性和非经济性的公共物品所产生的竞争行为是有区别的,也就是地方政府对于供给不同种类公共物品的兴趣不同。他指出经济性公共物品是生产性的,因为它直接进入官员任期当期的生产函数,直接带来经济效应,而非经济性公共物品是消费性的,对地方当期经济增长影响不大。他认为之所以

---

① 傅勇.财政分权,政府治理与非经济性公共物品供给[J].经济研究,2010,8:4-15.

作此划分,主要是研究地方政府竞争对公共物品供给的影响,非经济类公共物品所产生的外部效应即公共物品供给的改善可以提高地方的资本生产力要小于经济类公共物品的外部效应的影响,因此,地方政府偏好于生产和提供能够短期带来经济绩效的经济类公共物品。按照傅勇的观点,经济类公共物品包括了能源、交通、通讯、基础设施等,非经济类公共物品包括了文化教育、卫生保健、社会福利等。

表2-3　地方公共物品的类别

地方公共物品	
经济类	非经济类
交通、通讯、能源、高速公路、地铁、道路桥梁	义务教育、公共卫生、社会保障、社会救济、环境保护、社会福利、公用设施、水电气

目前,我国公共物品供给领域还存在着一定的公平缺失和紊乱的现状,这说明人们对于公共物品的认识有很大的局限性,因此,首先需要对所研究的对象有一个比较清晰的划分是研究的开始,本书关于我国财政分权与公共物品的供给的研究首先需要了解清楚公共物品的本质属性和类别的划分,只有区分清楚公共物品的不同性质和特点,才能有针对性地分析问题和做出相应的探讨。本书从公共物品的基础属性出发,主要关注地方政府供给公共物品的情况,借鉴傅勇关于地方公共物品的分类即经济性和非经济性两类公共物品,对地方政府供给公共物品的现状和存在的问题展开相应的讨论和分析。

第四节　公共物品供给效率

关于公共物品的供给效率,许多经济学家从不同角度进行了分析,Musgrave、Buchanan等人研究了公共物品的供给效率,其中最具影响力的是Samuelson把一般均衡分析的方法用于对公共物品供给效率的分析上来,使微观经济学中边际效用理论和公共物品最优配置的分析更加紧密结合,为理论的发展奠定了坚实的基础,也为进一步关于公平和效率,税率的研究给出了理论的参考。西方经济学家一直以来认为,市场机制在西方国家是非常成熟的,在市场机制的作用下,私人物品的配置能够自发地实现效率,剩下的主要就是关于公共物品的配置以及政府的作用范围等问题了。

Samuelson 对于公共物品有效配置的分析,是借助于一般均衡的分析方法,他建立了一般均衡模型来解释说明公共物品的供给效率。他首先假设在一个只有两个消费者和两种物品的经济中,可供消费者消费的物品分别是纯粹私人物品 X 和纯粹公共物品 M,该两种物品的生产可能性边界 $F(X, M) = 0$ 已经确定,且满足凸性条件和边际报酬递减的法则。同时他还假定两个消费者关于对私人物品和公共物品的偏好已经给定,且效用函数也满足凸性条件。通过以上的假设条件,Samuelson 试图找到在存在公共物品的经济中,帕累托最优的效率条件究竟是怎样的。他通过一般均衡的分析方法,希望从中得到私人物品 X 和公共物品 M 满足帕累托效率的最优产量和相对价格,或者说是在同时存在私人物品和公共物品的经济中帕累托效率的条件依然存在。我们知道,在只有私人物品的经济中,帕累托效率的条件表示为 $MRS_{xy}^1 = MRS_{xy}^2 = MRT_{xy}$,其中 x 和 y 表示两种不同的私人物品,1 和 2 表示任意两个消费者,该表达式的含义是任何一个消费者对于两种商品的边际替代率都等于这两种商品的边际转换率,也就是说市场达到均衡时消费者对于商品的边际评价是一样的,等于这两种商品的相对价格或者边际成本,此时消费者不会再变动自己的消费,效用达到最大化。在既有私人物品又有公共物品的经济中,Samuelson 从消费者效用函数得到个人对于私人物品和公共物品的无差异曲线,从生产函数得到私人物品和公共物品的生产可能性曲线,通过两者结合在一起分析得到公共物品满足帕累托效率的条件是 $MRS_{MX}^1 + MRS_{MX}^2 = MRT_{MX}$,该表达式的含义是不同消费者对于公共物品评价的总和等于该公共物品的供给成本。换句话说,对于公共物品的消费,每一个人支付的价格也就是支付的税收总和恰好等于公共物品的供给成本,否则的话就会带来效率的损失。该表达式很清楚地说明了每一个消费者如果能够如实按照自己对于公共物品的偏好来支付价格即税收的话,每个消费者在消费公共物品的时候是公平的,此时公共物品供给实现了帕累托效率。

Samuelson 关于公共物品供给一般均衡的分析我们可以进一步地扩展到有 n 个消费者和 k 种私人物品的情况,当公共物品的供给达到一般均衡时满足 $\sum_{j=1}^{n} MRS_{M,x_i}^j = MRT_{M,x_i}$,其中 $j = 1, 2, \cdots, n$ 表示的是消费者的人数,$i = 1, 2, \cdots, k$ 表示共有 k 种私人物品,x_i 则表示对第 i 种私人物品的消费。该表达式的含义是:消费者对于公共物品和私人物品的边际替代率之和就等于公共物品和私人物品的边际变化率。因为边际替代率反映了消费者从公共物品的边际消费中所获得的边际利益,而这种边际利益必然可以在每一个消费者之间进行加总求和。另外,由于 $MRS^j_{M,x_i} = \dfrac{P^j_M}{P^j_{x_i}}$,即第 j 个消费者关于公共物品和私人物品的边际替代率等于该消费者所支付的公共物品和私人物品的相对价格之比。同时,$MRT_{M,x_i} = \dfrac{MC_M}{MC_{x_i}}$,该式表示的是公共物品和私人物品的边际变换率等于两者的边际成本之比,因此有 $\displaystyle\sum_{j=1}^{n} MRS^j_{M,x_i} = \sum_{j=1}^{n} \dfrac{P^j_M}{P^j_{x_i}} = \dfrac{MC_M}{MC_{x_i}}$ $= MRT_{M,x_i}(i = 1,2,\cdots,k)$,由于消费者购买同一种私人物品的市场价格是相同的,即 $P^1_{x_i} = P^2_{x_i} = \cdots = P^n_{x_i} = P_{x_i}(i = 1,2,\cdots,k)$,此时可以得到

$\displaystyle\sum_{j=1}^{n} MRS^j_{M,x_i} = \dfrac{\displaystyle\sum_{j=1}^{n} P^j_M}{P_{x_i}} = \dfrac{MC_M}{MC_{x_i}} = MRT_{M,x_i}(i = 1,2,\cdots,k)$,如果定义私人物品的价格为价格的计量单位,即 $P_{x_i} = 1$,我们可以得到 $P_{x_i} = MC_{x_i} = 1$,此时

$\displaystyle\sum_{j=1}^{n} MRS^j_{M,x_i} = \sum_{j=1}^{n} P^j_M = MC_M = MRT_{M,x_i}(i = 1,2,\cdots,k)$,我们得到公共物品帕累托效率的条件,也就是每一个消费者对于公共物品所支付的价格的总和等于多提供一单位该公共物品的边际成本。这和 Samuelson 得到的公共物品一般均衡的结果是相一致的。我们从中可以假设如果政府供给的公共物品的数量使得其边际产量的成本等于社会中所有享受该公共物品的消费者意愿为其支付的税收总和的话,那么此时公共物品的供给是有效的。

接下来我们再来验证该效率条件是否满足社会福利最大化的条件,借助于典型的个人福利函数也就是 Samuelson – Bergson 社会福利函数 $W = W\{u^1(X^1, M^1), u^2(X^2, M^2), \cdots, u^n(X^n, M^n)\}$,假定消费者消费两类物品,一类是私人物品 X,一类是公共物品 M,用 X^j_i 表示第 j 个消费者消费的私人物品 i 的数量,且 $j = 1,2,\cdots,n$ 和 $i = 1,2,\cdots,k$。则 X^j 和 M^j 分别表示第 j 个消费者对于私人物品和公共物品的消费,该社会私人物品的消费满足 $X = \displaystyle\sum_{i=1}^{k}\sum_{j=1}^{n} x^j_i$,$u^j$ 表示消费者的效用函数,n 表示消费者的数量,k 表示私人物品的种类。另外我们用 $F(X, M) \leqslant 0$ 表示私人物品和公共物品生产可能性边界的隐函数,社会福利函数 $W(u^1, u^2, \cdots, u^n)$ 满足二次可微的假定。

于是我们可以构建以下关于求解社会福利最大化的非线性规划问题：

$$\max W(u^1, u^2, \cdots, u^n)$$

$$\text{s. t. } F(X, M) \leq 0$$

接着构建并求解该问题的拉格朗日函数表示如下：

$$L = W(u^1, u^2, \cdots, u^n) - \lambda [F(X, M)]$$

对以上拉格朗日函数中各变量求一阶偏导数得到：

$$\frac{\partial L}{\partial x_i^j} = \frac{\partial W}{\partial u^j} \frac{\partial u^j}{\partial x_i^j} - \lambda \frac{\partial F}{\partial x_i} = 0 \tag{2-1}$$

$$\frac{\partial L}{\partial M} = \sum \frac{\partial W}{\partial u^j} \cdot \frac{\partial u^j}{\partial M} - \lambda \frac{\partial F}{\partial M} = 0 \tag{2-2}$$

由(2-1)式和(2-2)式整理可得如下方程：

$$\frac{\partial W}{\partial u^j} \frac{\partial u^j}{\partial x_i^j} = \lambda \frac{\partial F}{\partial x_i} \tag{2-3}$$

$$\sum \frac{\partial W}{\partial u^j} \cdot \frac{\partial u^j}{\partial M} = \lambda \frac{\partial F}{\partial M} \tag{2-4}$$

以上两式相除得：

$$\sum_{j=1}^{n} \frac{\frac{\partial u^j}{\partial M}}{\frac{\partial u^j}{\partial x_i^j}} = \frac{\frac{\partial F}{\partial M}}{\frac{\partial F}{\partial x_i}} (i = 1, 2, \cdots, k) \tag{2-5}$$

即可以表示为：

$$\sum_{j=1}^{n} \frac{MU_M^j}{MU_i^j} = MRT_{M, x_i} (i = 1, 2, \cdots, k) \tag{2-6}$$

因此可以得到：

$$\sum_{j=1}^{n} MRS_{M, x_i}^j = MRT_{M, x_i} (i = 1, 2, \cdots, k) \tag{2-7}$$

由上述分析我们得到，(2-7)式表示的是所有消费者的公共物品和私人物品之间的边际替代率（MRS）相加之和等于公共物品和私人物品之间的边际变换率。或者说该式表示的是市场中消费者 j 对于公共物品所提供的相对价格也就是 Lindahl 关于公共物品的分配价格之和等于公共物品和私人物品的边际变换率。

进一步地，(2-7)式还可以表示为：

$$\sum_{j=1}^{n} MRS_{M, x_i}^j = MC_M (i = 1, 2, \cdots, k) \tag{2-8}$$

上式右边的含义是多提供一单位的公共物品所增加的边际成本为 MC_M，因此我们得到的结论是，当人们对于公共物品和私人物品的消费达到社会福利最大化的时候，满足消费者对于公共物品所作出的边际贡献之和等于提供该公共物品的边际成本。这和 Samuelson 关于公共物品一般均衡分析得出的结论是一致的，也就是说公共物品的供给达到均衡时的条件既满足帕累托最优效率又同时满足社会福利最大化的原则。

从以上分析中，我们可以得出这样的结论，政府参与社会资源的配置，也就是政府提供公共物品的话，其帕累托最优效率的条件也应该得到满足，以此来实现资源的优化配置，如果政府能够按照消费者对公共物品的真实偏好和意愿来收取费用（税收），并且税收的总和等于 $\sum MRS$，来弥补公共物品的供给成本，此时就满足了萨缪尔森条件，即实现了公共物品有效地供给，并且实现了社会福利的最大化。在此，我们可以看到，如果能够实现公共物品政府有效的供给，是需要建立在以下假设条件的基础上的，首先政府能够比较清楚地了解人们关于公共物品的真实偏好，以此为基础来制定相应的税收政策，征收无扭曲性的税收实现公共物品的融资。其次社会福利函数是能够从个人的效用函数加总的，最后假设政府是一个仁慈的政府，能够切实从公众的利益出发，实现社会的公平和效率。只有满足以上的假设，公共物品帕累托效率和社会福利最大化的目标才有可能实现。虽然这在现实的经济运行中很难真正地实现，但是该结论的分析为政府提供最优的公共物品供给提供了标准和规范性的参考，也使我们了解到实现该结果的困难所在。因此许多经济学家致力于解决公共物品有效供给中所存在的困难，并为此展开了一系列的深入研究和讨论，比如如何通过机制的设计使人们能够如实显示对公共物品的需求，政府在公共物品供给中的职能作用等问题的分析，其中地方公共物品供给理论的提出正是对这一问题的延续和扩展。

第五节　关于地方公共物品

一、地方公共物品的内涵

地方公共物品的讨论是从 Tiebout 关于如何使人们能够如实反映其对公共物品的真实偏好的机制设计开始的，他假定有足够多的社区可供人们自由选择,对于不同社区的地方政府通过不同的税收支出组合来吸引人们选择该社区居住,居民可以依据自己对于所偏好的地方政府提供的公共物品组合迁入该社区居住,最终一方面是偏好显示问题解决了,另一方面居住在同一社区的人们具有相同的偏好,也不存在投票的问题了,资源配置也达到了帕累托最优。然而,蒂布特模型中严格的假设条件受到很多学者的质疑,但无论怎样,关于地方公共物品的讨论越来越受到大家的关注并且引发了之后的一系列的谈论和研究。

传统公共物品理论假设人口是不流动的,而地方公共物品理论关注的是人口在不同社区之间的流动,以此实现人们对公共物品的真实需求。关于如何使人们如实表达出自己对于公共物品的真实偏好的问题是传统公共物品理论中的一个中心问题,由于存在着搭便车的行为动机,人们不会如实表达出其真实的偏好,也就是人们会隐藏对公共物品的真实偏好,不愿意支付相应的税收却希望获取好处,因此市场存在着低效率的资源配置结果,需要政府加以纠正和调节,也是政府资源配置职能的主要方面。公共财政的配置和调节职能如何来行使和执行,不是随意确定的,需要根据公共物品受益的区域范围来确定。对于任何的公共物品,其受益的范围都是不同的,有些公共物品的范围是全球性的,有些是全国性的,而更多的是只局限在一定的地理范围内的人们才可以获得享受。也就是说,一些公共物品只提供给当地居民才可以享用,具有一定的地区性和地理行政区域的限制。Wildas-in[①]指出:不是所有公共物品都能够在一国范围共同消费的,一些公共物品的消费只局限在特定地理区域范围内,被称为地方公共物品。公共财政的配置职能要求公共部门所提供的产品和服务须与该辖区居住的人们的偏好一致,这种偏好的体现就是政治上居民通过投票进行公共选择的过程。全国性公共物品由于受益范围是全国性的,应由中央政府来提供,而地区性公共物品受益范围是有限的,由各个地方政府来提供是有效的。由于公共物品的受益范围受到多层次空间的限制,从这个角度来看,就需要有相应的多级财政体制的建立,而不能只是集中的财政体制。因此,清楚地了解和认识这一公共物品受益范围多层次的特点,有利于促进公共物品生产和供给效率的提高。

---

① 鲍德威,威迪逊,邓力平.公共部门经济学[M].中国人民大学出版社,2000:352.

二、地方公共物品供给效率

由于不是所有的公共产品都是全国范围内可以受益的,有些是在一定地理范围内才可以享受到的公共物品被称为地方公共物品,比如当地的学校和消防、垃圾清理以及路灯等。地方政府的存在能够很好地提供这些不同受益归宿的公共物品,地方政府能够更好地了解到本地居民对公共物品的偏好,处于更有利的位置。因此地方政府提供这些公共物品的话,更能够符合当地居民的实际需求,从而实现资源的优化配置。同时,地方政府可以依据本地区提供的公共物品的数量征收相应的税收,如果由中央政府统一集中地提供地方公共物品的话,就往往会忽视人们不同的消费偏好差异,或者不可避免会出现强迫消费的现象,因此,中央政府可以根据地方政府在提供地方公共物品出现的困难,根据具体情况参与解决问题。从上节对公共物品供给效率的分析,我们得到萨缪尔森条件的表达式,即当公共物品的供给满足帕累托效率条件时的表达式为 $\sum_{j=1}^{n} MRS_{M,x_i}^{j} = MC_M(i = 1,2,\cdots,k)$,该表达式的含义是每一个消费者或者居民对于公共物品的主观评价的和就正好等于提供该公共物品的客观机会成本。通过以上的分析,我们可以推断,按照 Tiebout 地方公共物品供给理论,地方政府,在提供满足该辖区居民对于公共物品的需求时,应该使得提供公共物品边际产量能获得的边际税收的总和等于生产公共物品边际产量的成本,因此,对于地方政府在考虑财政平衡时,不仅仅是考虑总量的平衡,即财政收入等于财政支出,同时也需要关注边际均衡。

关于 Samuelson 公共物品一般均衡分析的结论,应用到对地方公共物品供给效率的分析上来,从理论上来讲,帕累托效率的条件同样是适用的。我们从最简化的分析开始,按照蒂布特模型,我们首先假设某社区 A 有两个消费者 $(j = 1,2)$,则 x_j 表示该社区消费者的私人消费,我们用 M_n 表示该社区居民所享受到的全国性的公共物品,用 M_l 表示该社区所提供的地方性公共物品,因此可以得到关于供给为 M_n 的全国性公共物品的成本函数是 $C(M_n)$,地方公共物品 M_l 的成本函数表示为 $C(M_l)$,并且 M_n 和 M_l 的供给是连续的,成本函数是可微的。消费者的效用函数表示为 $u_j(x_j,M_n,M_l)$ 其中 $j = 1,2$,即消费者的效用函数中既包含了对私人物品的消费同时也包含了对全国性公共物品和地方性公共物品消费所获得的满足,另外我们还假定该社区消费者或者当地居民的初始财富为 $r_j(j = 1,2)$,同时假定财富可以用货币来衡量。此时社区中两个消费者所面对的预算约束是 $x_1 + x_2 + C(M_n) + C(M_l) = r_1 + r_2$。关于地方公共物品供给效率的分析,即是在 A 社区关于资源(x_1,x_2,M_n,M_l) 如何有效配置的问题。

接下来我们可以构建出地方公共物品最优供给问题的线性规划:帕累托最优配置的含义是给定消费者 2 的效用水平为 $\bar{u}_2$ 的条件下最大化消费者 1 的效用水平。

$$\max_{x_1,x_2,M_n,M_l} u_1(x_1,M_n,M_l)$$
$$s.\,t.\ u_2(x_2,M_n,M_l) = \bar{u}_2$$
$$x_1 + x_2 + C(M_n) + C(M_l) = r_1 + r_2$$

该问题的拉格朗日函数如下:

$$L = u_1(x_1,M_n,M_l) - \lambda[u_2(x_2,M_n,M_l) - \bar{u}_2]$$
$$- \mu[x_1 + x_2 + C(M_n) + C(M_l) - r_1 - r_2]$$

对 x_1,x_2,M_n,M_l 分别求其微分,令其为零,得出:

$$\frac{\partial L}{\partial x_1} = \frac{\partial u_1}{\partial x_1} - \mu = 0 \tag{2-9}$$

$$\frac{\partial L}{\partial x_2} = -\lambda\frac{\partial u_2}{\partial x_2} - \mu = 0 \tag{2-10}$$

$$\frac{\partial L}{\partial M_n} = \frac{\partial u_1}{\partial M_n} - \lambda\frac{\partial u_2}{\partial M_n} - \mu\frac{\partial C(M_n)}{\partial M_n} = 0 \tag{2-11}$$

$$\frac{\partial L}{\partial M_l} = \frac{\partial u_1}{\partial M_l} - \lambda\frac{\partial u_2}{\partial M_l} - \mu\frac{\partial C(M_l)}{\partial M_l} = 0 \tag{2-12}$$

由(2-11)式和(2-12)式分别除以 μ,整理得:

$$\frac{1}{\mu}\frac{\partial u_1}{\partial M_n} - \frac{\lambda}{\mu}\frac{\partial u_2}{\partial M_n} - \frac{\partial C(M_n)}{\partial M_n} \tag{2-13}$$

$$\frac{1}{\mu}\frac{\partial u_1}{\partial M_l} - \frac{\lambda}{\mu}\frac{\partial u_2}{\partial M_l} = \frac{\partial C(M_l)}{\partial M_l} \tag{2-14}$$

从(2-9)式可以得到:

$$\mu = \frac{\partial u_1}{\partial x_1} \tag{2-15}$$

从(2-10)式可以得到:

$$\frac{\mu}{\lambda} = -\frac{\partial u_2}{\partial x_2} \tag{2-16}$$

把(2-15)式和(2-16)式分别代入方程(2-13)和(2-14)得：

$$\frac{\frac{\partial u_1}{\partial M_n}}{\frac{\partial u_1}{\partial x_1}} + \frac{\frac{\partial u_2}{\partial M_n}}{\frac{\partial u_2}{\partial x_2}} = \frac{\partial C(M_n)}{\partial M_n} \qquad (2\text{-}17)$$

$$\frac{\frac{\partial u_1}{\partial M_l}}{\frac{\partial u_1}{\partial x_1}} + \frac{\frac{\partial u_2}{\partial M_l}}{\frac{\partial u_2}{\partial x_2}} = \frac{\partial C(M_l)}{\partial M_l} \qquad (2\text{-}18)$$

把以上两个方程加总得到：

$$\frac{\frac{\partial u_1}{\partial M_n}}{\frac{\partial u_1}{\partial x_1}} + \frac{\frac{\partial u_1}{\partial M_l}}{\frac{\partial u_1}{\partial x_1}} + \frac{\frac{\partial u_2}{\partial M_n}}{\frac{\partial u_2}{\partial x_2}} + \frac{\frac{\partial u_2}{\partial M_l}}{\frac{\partial u_2}{\partial x_2}} = \frac{\partial C(M_n)}{\partial M_n} + \frac{\partial C(M_l)}{\partial M_l} \qquad (2\text{-}19)$$

上式可以表示为：

$$MRS_{M_n,x_1} + MRS_{M_l,x_1} + MRS_{M_n,x_2} + MRS_{M_l,x_2} = MC(M_n) + MC(M_l)$$

$$(2\text{-}20)$$

上式(2-20)表明,当实现资源最优配置时满足所有消费者关于全国性公共物品和地方性公共物品对于私人物品的边际评价之和等于全国性公共物品和地方性公共物品的边际成本之和。这和上一节中公共物品供给效率的萨缪尔森条件的内涵是相一致的,这个表达式就是 A 社区供给该地区公共物品帕累托效率的条件。因此这一条件的含义是人们对于公共物品边际支付意愿相加的和恰好等于多提供一单位全国公共物品和地方公共物品的边际成本。通过以上对于地方性公共物品效率的分析我们可以得出,要实现资源在全国性公共物品、地方性公共物品之间的优化配置,关键在于中央政府和地方政府之间的协作关系,从而实现人们对于公共需求的满足,以此带来不同地区之间、区域之间的协作与分工、生产要素资本的流动、产业结构的优化升级,以此实现地区经济的稳步发展。按照 Tiebout 地方公共物品供给理论[1],地方公共物品供给效率的实现和地方政府的支出和收入水平以及构成是有很大关系的,其中重要的不仅仅是公共物品从总量上的配置,同

---

[1]　Tiebout C M. A pure theory of local expenditures[J]. The journal of political economy,1956,64(5):416－424.

时不同社区人们对于地方公共物品需求的差异使得地方政府在优化地方公共物品配置效率时要综合考虑供给的结构问题,由于不同地方政府的收入和支出水平有很大不同,居民通过自由流动选择到当地政府预算更能够满足自己对地方公共物品偏好的社区居住,这样地方政府设定收入支出模式,供给地方公共物品,同时居民选择自己偏好的社区居住从而实现社会福利的最大化。

第三章　财政分权与公共物品供给理论模型

第一节　地方政府提供公共物品的逻辑起点：财政分权理论

一、从市场失灵到政府供给公共物品

前面一章中,我们对公共物品供给效率进行了分析,通过我们进一步具体地分析,得到地方公共物品供给效率的条件,即满足帕累托效率的条件,这和 Samuelson 公共物品供给一般均衡的条件是相一致的。从这一条件我们看到其中不仅仅涉及到公共物品供给总量均衡的问题,同时我们需要更多关注的是全国公共物品和地方公共物品以及私人物品之间在资源分配中的结构问题。然而这一条件只是给出了理论上分析的意义,接下来我们需要进一步考虑在实践中地方公共物品供给效率如何实现的问题,中央政府支出和地方政府支出在供给公共物品时的关系,公共物品由谁提供以及如何划分政府职能作用等问题。财政分权理论研究的正是政府之间的财政关系,即政府职能在不同级次政府之间划分效率的研究。

中央和地方的关系涉及政治、经济等各个方面,而本书主要探讨的是政府之间的财政关系,在本书中,地方政府指的是中央政府以外的各级次政府。多级政府的格局的秩序安排主要在于依据公共物品和公共服务的性质来寻求有效供给的解决方式。即如何通过财政分权的最优化实现资源的有效配置,这个当中就要回答中央政府和地方政府如何划分职能,即哪些公共物品由中央政府提供,哪些由地方政府提供,地方政府执行的效率如何等。财政分权理论正是要解决地方公共物品不能有效供给的问题,其中包括了政府竞争、公共产品的层次,人们对公共物品的不同偏好、公共物品分散提供的效率如何等内容的讨论和分析。经济学理论认为,公共物品供给存在

市场失灵,因而地方政府存在的理由是合理和有效供给公共物品,政府通过税收来为公共物品的供给筹资。经济学家把公共物品供给的市场失灵,政府需要对其进行必要的弥补作为研究公共物品理论的起点,政府的作用与市场的作用是经济学家长期以来争论的焦点,从公共物品理论中市场供给的失灵,需要政府从其本身的职能作用来为公众提供公共需求和服务。财政分权对公共物品理论的延续是建立在福利经济学基础上,以效率和公平作为衡量社会福利的原则,因此分权的效果如何主要在于对资源配置的影响,经济学家以财政联邦主义作为分权的经济理论,通过对地方的分权来优化资源配置效率,提高社会福利。从而需要政府这一理想的政府结构,既包括纵向不同级次政府,如中央政府和地方政府的关系,同时也包括一定数量横向的同一级次的政府,级次越低的地方政府,一般来讲数量也会越多,其所负责管理的辖区范围也越小,更加接近于公众,这也更加符合蒂布特模型中假设条件的需要。

中国是一个单一制的国家,政府的结构中包括中央政府和地方政府两个级次的政府,同时地方政府又包含了省级、地级、县级和乡级四个级次的政府结构,且每一级都受上一级政府的行政领导,政府之间的关系包括了管理范围以及利益分配的问题,并且地方政府由于其本身的利益驱动,在为本地区居民提供公共物品和公共服务的时候,也会有为其自身谋求利益的动机,因此政府之间关系中亦掺杂着各级次政府间利益的关系。

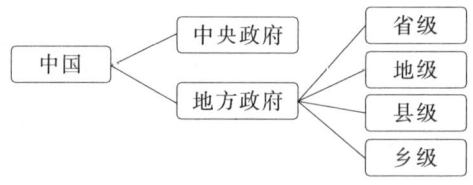

图 3-1　中国政府结构

二、财政分权与政府供给公共物品的职能

财政分权要解决的是有关公共部门纵向结构的问题,即不同级次政府之间责任的划分以及采取什么样的财政手段来实现这些责任,并使财政手段与财政责任相一致。公共物品理论认为由于公共物品的非排他性使得市场机制无法实现帕累托效率的资源配置,因此提供公共物品是政府的职能所在。然而对于任何公共物品,其受益是有一定范围的,即具有区域性,如

果以公共物品供给者来界定政府职能,可以把政府视为公民组成的集体,那么公共物品供给就可以看作是以集体的方式来实现的,这类似于市场中私人物品的提供是以个人的方式来实现的一样。同时根据公共物品的受益范围,政府供给公共物品的职能也有相应的边界范围,也就是说中央政府提供全国性公共物品,地方政府提供地区性公共物品能够更有效率,这给出了不同层级政府之间相应职能划分的依据。从资源配置效率的角度我们看出,政府职能的分权化更加有利于地方政府服务于本地区居民对于公共物品和需求的多样化满足。因此,合理划分不同级次政府的职能范围,对于发挥地方政府的职能作用和促进经济的发展都起着至关重要的作用。综上分析我们可以清楚地知道,按照新古典经济学,如果中央政府能够提供满足人们偏好的公共物品和服务并以此实现社会福利的最大化,那么就不可能存在多级政府结构,也不存在联邦制的财政结构了。而实际上,地方政府不仅存在同时也发挥着非常重要的作用,Stigler 提出了地方政府之所以存在的合理性,他认为地方政府的作用主要在于优化资源配置和实现公平分配,中央政府的作用在于协调地方政府的利益关系,解决分配不公平等问题。Musgrave[①] 则提出分税制的思想,认为分权可以通过税收权利的分配来实现,使得地方政府拥有一定独立的权利,实现公共物品供给效率和社会的公平,这种思想的提出也就是财政联邦主义。

第二节　新古典经济学视角的传统财政分权理论

传统财政分权理论又被称为财政联邦主义,它以新古典经济学作为分析的范式,对公共物品的研究是建立在萨缪尔森和马斯格雷夫公共物品理论基础上的,并使得公共物品理论获得巨大发展,该理论中效率和公共选择对政治程序的探讨为地方公共物品的研究开创了先河,形成以效率和公共选择对政府行为问题两个方面的研究内容。传统财政分权理论起始于 20 世纪 50 年代,又被称为第一代财政分权理论,代表性的经济学家是 Samuelson,Musgrave,Arrow,Oates 和 Buchanan,他们的主要思想是认为市场在提供公共物品时出现失灵,政府应该采取政策进入该领域纠正市场缺陷,并且政府是

---

① Musgrave R A. The theory of public finance: a study in public economy[M]. New York: McGraw - Hill, 1959: 181 - 182.

仁慈公众利益的保护者以实现社会福利最大化为己任。可见,财政分权不仅仅涉及经济效率的分析,同时,政府财政关系以及地方政府行为是在一定的政治体制下实现的,因此,财政分权是一个多维的概念,是政治和经济的统一,不同级次政府之间优化资源配置职能的实现必须考虑一定政治框架下各级政府的行为,这一问题成为了政治学、法学、公共选择等领域对财政联邦主义新的研究视角。

一、偏好显示问题与公共物品低效供给

自从 Tiebout 在 1956 年发表其论文《地方支出的纯理论》①以来,对公共物品供给效率的分析进一步地扩展到对地方公共物品效率的分析,经济学家围绕着集权和分权展开激烈的讨论。财政分权理论为地方政府提供公共物品给出了理论支持,即由地方政府供给公共物品有利于改善资源配置的效率,Tiebout、Musgrave、Oates 等人的研究都支持了这一论点。我们知道按照主流经济学的观点,帕累托效率是评价资源配置的标准并通过社会福利最大化对这一准则进行验证,经济学家分析了在市场中人们难以自愿供给公共物品机制的失效,这里主要涉及的问题是偏好显示的困难,在存在非竞争的公共物品的市场中,需要的是合作性消费决策,如果存在排他性的消费,则不需要集体行动——人们会自发进行成本和收益的权衡。

然而对于纯公共物品,非排他性很难给人们提供自愿供给的行为激励,每一个人都希望搭便车获取受益,个人也很难确切地表达出自己关于公共品的偏好。结果是市场出现失灵,这说明由于人们在公共物品需求上偏好显示问题的存在造成公共物品供给的帕累托效率低下,市场机制的作用建立在价格和真实偏好表露的基础上,然而最终的结果是公共物品供给达不到帕累托的效率水平要求。存在的问题是,市场机制作用下理性的个人无法实现自愿供给公共物品,那么政府部门是否愿意提供公共物品,并且是否能够实现公共物品供给的效率呢?

二、通过机制设计解决公共物品低效供给

公共选择理论把这一视角延伸到政治领域,由于人们的偏好显示问题和公共选择的矛盾不能解决,公共选择理论认为可以通过政治程序来进行

① 查尔斯·M·蒂布特《一个关于地方支出的纯理论》,曹荣湘主编《蒂布特模型》[M].社会科学文献出版社,2004:3 - 15.

解决,使所面临的困境找到了出路,即民主社会政府部门可以通过公共选择机制实现公共物品的供给,公共选择理论对利益集团的利益关系的探讨得出,传统财政分权理论仁慈政府的假设和真实状况是不符的,而真实的情况是政治和市场中的参与者都是理性人,都是为了自身利益最大化的目标行动,政府同样是自私和利己的,其目的是要实现税收的最大化。公共选择理论把经济理论中的经济人假设引入对政治行为和政府行为的分析,来进一步解决公共物品的抉择机制以及如何改善公共物品供给的效率。

公共选择理论来源于 Arrow[①] 的经典著作,他把个人的经济行为和政治行为统一起来研究,以经济人假设为基础,运用经济学中成本收益分析法来研究政府在供给公共物品和服务时的行为动机和方式,同时考虑以政治结构来约束政府行为的手段,大量地方政府的存在以及地方政府之间的竞争行为,居民自由流动的行为,使得地方政府不得不考虑居民利益来做出决策。同时民主社会立宪的明确,政治的分权拆解了政府的权力机构,能够取代对政府征税权以及财政行为的限制。公共选择理论不仅仅对政府行为和宪法关系进行关注,同时进一步研究机制设计,如如何减少交易成本确立制度安排以此实现公共物品配置效率。国家能够通过制度安排以较低的交易信息和组织成本达成合作协议,此时避免了公共物品外部性所带来的成本损失。财政联邦主义通过地方政府的扩展、制度的安排以达到集体决策交易成本的最小化。基于以上分析我们可以得出,由于人们偏好显示问题的存在,在通过市场机制不能有效供给公共物品的情况下,可以通过公共选择的方式实现政府为公共物品提供的必要融资,如果此时交易成本过高而使效率降低,则可以通过财政的联邦制结构部分地解决该问题。

然而建立在投票基础上的公共选择机制能否实现个人偏好的普遍相容呢? 也就是说投票是否能够产生一致的社会选择方案呢? Arrow 认为,通过投票要实现社会选择的一致性,必须同时满足五个标准和两个公理,如果这些满足能够实现的话,则可以通过个人偏好实现社会偏好。但是 Arrow 认为由于存在的种种问题,如个人偏好的差异性,人们之间的利益矛盾,获取信息的困难等,想要得到共同一致的社会偏好是很难的,因此通过投票规则很难实现公共物品的有效供给。另外,按照公共选择的过程,消费者通过投票

---

① [美]肯尼思·约瑟夫·阿罗.社会选择:个性与多准则[M].首都经济贸易大学出版社,2000:36-47.

来实现对于公共物品的不同偏好,即通过投票揭示消费者偏好。

然而,Tiebout 指出,这一结论是不适合地方支出的,况且,Arrow 也指出通过政治程序解决这一问题也存在诸多困难。因此,Tiebout 在财政联邦制基础上提出地方支出纯理论来解决地方公共物品供给效率的问题。Tiebout 认为可以通过居民流动性来解决人们对于公共物品偏好显示的问题,他在一系列假设的基础上,认为财政分权能够提高地方政府供给公共物品的效率。居民通过自由流动选择居住地从而确定自己所偏好的地方政府的税收支出模式,因此那些具有相同偏好的人们会聚集在一起,这样就解决了公共偏好显示存在的问题。

三、财政分权对提高公共物品供给效率的理论支持

尽管蒂布特模型建立在严格假设基础上,在现实中要完全实现也是不可能的,但是居民"用脚投票"解决公共物品偏好显示问题,以及公共物品定价和通过政治机制无法得到一致社会偏好等问题都给出了很好的解释,另外关于地方政府竞争的政府间分工的思想类似于市场竞争机制的作用,对于公共物品供给效率的提高也具有很好的理论意义。Tiebout 分析了税收预算分权化和公共物品地方政府提供分散化的优势,这样可以更好地满足居民的意愿偏好的实现。蒂布特模型的提出是地方公共财政的基础,其财政分权的思想和公共物品分散化的提供避免了公共物品理论市场无法有效供给公共物品的结论,Tiebout 通过地方政府分散化的提供解决了这一理论难题,认为双重身份者充分流动的选择行为类似于市场机制中的购买行为,通过对地方政府收入支出组合的投票显示对商品的偏好,最终地方政府能够有效地提供公共物品和服务。

然而,Tiebout 没有对地方政府为公共物品的融资进行阐述,Musgrave(1959)对政府三项职能进行了分工,并且进一步提出税收在中央和地方划分的原则,Oates(1972)进一步提出把财产税作为地方政府为公共物品融资的来源。综上分析我们可以得出,财政分权的合理性在于它的资源配置职能,同时为实现地方公共物品的供给财政来源,如何在中央和地方进行分工的研究。

第三节 财政分权理论新视角：
公共选择理论和新制度财政学

传统财政分权理论以新古典经济学的公共物品理论为基础，Tiebout 在此基础上通过居民自由流动解决公共物品偏好显示问题，其中财政联邦制通过地方政体的扩充降低了公共物品提供达成协议的交易成本，可见联邦制的财政结构在解决市场失灵和公共选择无法实现帕累托效率的公共物品供给时，是一种有效的制度安排，这种制度安排降低了交易成本，是对市场配置资源和集体决策公共物品供给的有效补充。

然而，在财政联邦体制下我们需要更多关注的是政府的行为和政府政策选择的问题，如何提高公共部门内部资源有效配置以及政府行为的激励和约束机制模式的讨论成为财政分权理论进一步关注的视角。

一、提高政府供给公共物品效率的途径：政府激励与竞争机制

公共选择理论在新古典经济学基础上研究政治和集体选择的问题，认为通过立宪可以实现政治和经济的均衡。公共选择理论认为政府行为和市场中个人追求利益最大化的行为是一样的，政府并不是追求社会福利最大化的目标，而是追求税收收入最大化的理性人，这一观点使得政治和经济市场行为没有差别。Buchanan[①] 从政府征税权限制的角度对传统财政分权理论提出批评，认为竞争的联邦制结构是最优的并为国家制定财政和税收宪法提供了理论支持。他通过考察联邦制国家政治结构对政府权利的约束，进一步分析国家二个层次的集体行为，认为财政宪法是对政府权利最有力的约束。通过立宪来限制政府的征税权可以有效避免其追求最大化自身利益的行为动机，保留足够的和其提供服务相匹配的征税权利，为实现其保护性的国家职能保留足够的财力支持。

财政宪法对政府权利强有力的限制主要是在其征税权上，通过立宪能够防止政府滥用权力，避免了利益集团寻租以及政治机会主义的行为。同时他又提出在政治上分权也有可能替代这种明确的在财政上对征税权的限制，因为政治的联邦制结构能够约束政府财政剥削的手段，通过这种制度安

---

① ［澳］布伦南，［美］布坎南. 宪政经济学［M］. 中国社会科学出版社，2004：174.

排可以保障人们通过选择在不同辖区来限制地方政府的税收和支出水平,抑制利维坦政府的剥削作用。联邦主义结构对于公共物品供给有效性的保障,主要在于降低边际成本。通过扩充地方政府的数量以及地方政府间的相互竞争,可以降低政府财政剥削的潜在可能和降低居民迁移的成本,并且地方政府提供公共物品和服务的辖区规模能够与公共物品的受益范围重合,有利于行政和组织成本与地方政府单位数量相一致①。

Buchanan 关于联邦制结构的思想其实包含了竞争机制在公共部门的实现。市场经济的核心是竞争,通过竞争来实现资源优化配置,因此,他提出联邦制的结构类似于市场的竞争方式,通过控制政治权力避免效率的损失,这种效率的提高在于政府之间竞争的贸易和居民的自由迁移,在他看来,联邦制的竞争所带来的效率能够替代对财政的约束。在开放经济中,个人进行立宪选择以及自由在区域之间迁移能够一定程度对政府的征税权力起替代和约束作用,同时政府为获取财政资源和财政剩余而竞争,使得政府的利维坦剩余为零,达到资源配置的均衡结果。当然这是一种理想的结果,然而现实的情况是当存在外部性或者不完全的信息时,联邦制下政府之间的竞争也不能够完全取代宪法原则对征税权的限制,利维坦剩余也不一定为零,约束政府财政剥削的政治结构的作用会受到限制,此时,Buchanan 提出应该进一步通过财政规则限制征税权。

公共选择理论认为,通过立宪的政治程序能够有效提高公共部门内部资源配置的效率,通过政治机制实现政治和经济的均衡。然而仅仅依靠政府之间的宪法关系提高政府公共物品供给效率在实际中并不理想,财政分权绩效如何使得经济学家更加偏向于机制设计的研究,他们认为财政分权的绩效依赖于地方政府的政治激励和经济激励。越来越多的经济学家发现,公共物品供给的低效率并没有通过政府竞争而完全消除,同时他们还发现地方政府官员在缺乏政治激励时,经济的激励会产生官员腐败和地方保护主义。

因此,20 世纪 80 年代第二代财政分权理论在公共选择的基础上从新制度经济学的视角开始关注机制设计和政府激励的研究。第二代财政分权理论注重从制度设计和激励相容的角度进行政府内部的制度安排,以 Montino-

① [美]詹姆斯·布坎南.自由、市场和国家[M].上海三联书店,1989:244-245.

la，Qian，and Weingast（1995）、McKinnon（1997）、Qian and Weingast（1997）等人的研究为代表并得到进一步的发展，其核心内容在于对联邦制下政府组织内部官员激励机制设计的制度安排的讨论，也就是从制度方面来考虑如何有效提高政府供给公共物品的效率，主要关注在人员激励机制方面的考虑和设计。关于激励对于政府部门的作用，Oates 提出一个国家的财政结构是该国社会历史和政治的结果，公共部门的结构和运行受到经济激励的影响，因此，他认为作为制度安排的财政分权其实就是一种对政府部门内部组织的经济激励。

新视角的财政分权理论注重分权化政府的激励机制的设计与制度安排，既不同于传统财政分权理论仁慈政府的假设，也不同于公共选择理论关于邪恶政府的假设，而是主张市场维护的财政联邦主义。该理论认为好的政府结构对于好的市场效率尤为重要，政府行为在受到一定约束的同时能够带来市场效率的提高。通过对地方政府的分权、法制以及民主政治的制度安排来实现激励的作用达到市场维护的政府作用，提高市场运行的效率。在这种市场维护型的政治结构系统中，通过激励机制的作用使得中央政府和地方政府拥有相应的权利和义务，能够各尽其职，维护和推进市场，发挥其优化资源配置的作用，结果是市场活动中交易的各个方面都能获得好处。因此，市场维护的财政联邦制通过激励机制的设计构造出政府的治理结构从而维护市场的运行。

二、通过政治制度安排保障财政分权效果

有学者认为满足官员自身的目的是政府的目标，当然也包括地方政府，因此是否能够实现效率或者说地方政府会完全按照有效率的方式行事也是不可能的，即使按照蒂布特模型所要求的居民可以在辖区自由迁移，也只是说明公民在获取公共物品和服务所要求的公平性方面，可以平等地选择财政待遇，但是地方政府行为是否是有效率的就需要考虑了。因为即使辖区边界确定，地方政府为争取财政来源而展开争取居民在本辖区居住的竞争，同样也不能保证政府的行为就是有效率的。一方面不能消除地方政府的垄断权，另外政府可以借助其征税权力通过固定的土地来获取租金收入①。通

① 丹尼斯·埃普尔，阿伦·泽伦茨.辖区间竞争的含义：蒂布特需要政治吗？［J］.载曹荣湘主编.蒂布特模型［M］.社会科学文献出版社,2003：167－192.

过以上分析我们可以看出,地方政府在行使其供给公共物品和服务的职能时都有其自利的行为动机,因此,既使分权所带来的激励产生地方政府竞争的行为,也不能保证效率的实现,这就需要地方政府在市场中活动的同时,通过对政治和经济环境重要性的发挥,来达到政府维护市场效率实现的目标。传统财政分权理论认为分权本身就是对地方政府经济激励的一种制度安排,公共选择理论又进一步提出通过宪法改革来约束地方政府征税权力,限制地方政府剥削的财政剩余的行为,也就是通过宪法制度安排防止政治腐败的发生,确保政府供给公共物品效率的实现,达到经济和政治的均衡。

综合以上的研究,以钱颖一和 Weingast 等人为代表的市场维护型联邦主义人士主张通过好的政府组织内部结构来维护市场效率的发挥。钱颖一①(2003)从市场效率的经济功能角度出发来强调分权的重要性,认为市场发挥效率主要在于政府能够提供可信的制度安排,以此来维护市场发挥作用的持久性。Weingast② 认为联邦主义本身提供了政治制度和一种市场激励的机制,通过明确的联邦制结构,地方政府有相应的自治权,在政府硬预算约束下防止政府超预算支出破坏市场的功能。钱颖一和 Weingast 认为由于市场不能自我维护,分权化的制度安排一方面防止政府掠夺市场所造成的损害,另一方面用硬预算约束规范政府超预算支出行为。

总之,公共选择理论和市场维护联邦主义都考虑政治因素对政府之间财政关系的影响,而传统财政分权理论没有涉及这一内容的考虑,从这一新的视角探讨财政分权对地方公共物品供给效率更加切合实际经济的运行,从经济和政治相结合的角度保障公共部门供给公共物品职能的有效发挥。

然而,分权究竟促进还是弱化了地方政府效率的实现呢? 不同学者持有不同的观点,认为分权是有利还是有弊的,及分权的效果如何主要依赖于对地方政府官员的机制设计所带来的经济和政治激励。一个国家的政治结构、宪法规则以及资源禀赋和市场的成熟度都会影响到财政分权体制效率的实现,因此,政府激励理论注重对政府之间财政关系内部和外部制度约束的研究。总之,财政分权所带来的公共物品和服务供给效率的提高在很大程度依靠一国政治制度的安排,通过政治制度安排约束政府行为使其以公

---

① 钱颖一. 现代经济学与中国经济改革[M]. 中国人民大学出版社,2003:57 - 65.

② Jin H,Qian Y,Weingast B R. Regional decentralization and fiscal incentives:Federalism,Chinese style[J]. Journal of public economics,2005,89(9):1719 - 1742.

共利益服务为目标,抑制政府官员的腐败行为,从而改善财政分权的效果。也就是说如果能够通过建立优良的政府治理结构促进地方政府官员获取经济激励而展开地区之间竞争和财政的自治,就能够使地方政府官员从职位的晋升和问责制方面获取政治激励,从而为公共物品供给效率的提高创造出好的条件。

第四节　财政分权与公共物品供给:理论模型

通过以上对财政分权和公共物品供给效率的理论分析,在本节中我们试图建立财政分权和公共物品供给的理论模型,为进一步探寻我国财政分权实践与地方公共物品供给现状的分析给出一定的理论依据。财政分权给各国实践带来了不同的政府绩效和经济绩效,而对于提高公共物品的供给效率也正是分权的意义所在。本节在 McGuire[①] 模型的基础上,对财政分权体制下地方政府供给公共物品的水平进行分析。

一、财政分权与公共物品供给基本模型

我们首先假定存在中央政府和地方政府两个级次的政府结构,具体包括一个中央政府和 n 个地方政府。地方政府的职能是促进本地区经济的增长和为本地区居民提供居民所需要的公共物品和公共服务。我们可以假定一方面地方政府为了获得升迁的机会而展开竞争,通过各种优惠政策吸引资本进入,推动地方经济增长,同时却忽视了短期对经济增长作用不显著的非经济类公共物品的支出。因此,基于以上分析,根据公共选择理论,我们可以把地方政府看作是追求效用最大化的理性经济人,其目标是追求自身效用的最大化,因此可以设定地方政府目标函数为: $U_j = \mu Y_j + u(M_j)$ ($j = 1$, $2,\cdots,n$),该式中 U_j 表示第 j 个地方政府的效用, Y_j 表示该地区的 GDP 水平, $u(M_j)$ 表示该地区居民从地方政府供给的公共物品和公共服务 M_j 中获得的效用,且满足 $u'(M_j) > 0$ 和 $u''(M_j) < 0$ 。从目标函数的设定可以看出地方政府的效用来自于两个方面,系数 μ 反映了地方政府在私人物品 Y_j 和公共物品 M_j 之间的偏好。假定 $\mu = 1$ 时反映居民的真实偏好水平,而实际情况

---

① McGuire M. Group segregation and optimal jurisdictions [J]. The Journal of Political Economy, 1974,82(1):112 – 132.

下由于地方政府不一定按照本地区居民的真实偏好来提供相应的公共物品和服务,也就是地方政府官员为了追求 GDP 的政绩考核,使政府偏好偏离居民的真实偏好,使得地方政府的偏好与本地区居民的真实偏好相背离,此时 $\mu \neq 1$。一般来讲,如果地方政府能够按照中央政府的考核机制提供令本地区居民满意的公共物品和服务时 $\mu = 1$,当存在偏差时 $\mu \neq 1$,此时则说明存在对地方政府考核机制的激励扭曲,可以分两种情况考虑,一种是地方政府追求以 GDP 为目标的政绩考核时 $\mu > 1$,反之 $\mu < 1$,说明此时地方政府更加注重向服务型政府的转型。

同时我们还假定每一个地区的总量生产函数表示为:$Y = Y(k_j, I_j, g_j)$,在该式中,k_j 表示第 j 个地区的投资,且 n 个地区的投资总量 $K = \sum_{j=1}^{n} k_j$,I_j 表示该地区的基础设施存量水平,g_j 表示该地区的技术水平,假设每一个地区的技术水平都相同且不变,我们可以暂时不考虑 g_j 的差异性,因此生产函数中我们可以省略掉 g_j 的影响,此时生产函数可以表示为 $Y = Y(k_j, I_j)$,且满足 $Y_{kk}(k_j, I_j) < 0$ 和 $Y_{kI}(k_j, I_j) > 0$,第一个式子表示资本边际产出递减,第二个表示投资和资本存在互补的关系,即投资的增加能够提高资本的边际生产力,这说明地方政府为了吸引资本流入本地区进行基础设施的投资有可能弱化了对于公共物品的支出。

接下来考虑地方政府预算约束,我们考虑政府的收入主要来自于税收收入,可以表示为 $T = T_0 + tY_j$,T_0 表示税收中不随 GDP 变化的部分,后者是和收入有关的部分且和收入是正相关关系,即 $t > 0$。另外考虑到总的税收收入中,中央和地方按照一定的比例进行分成,假设中央政府给地方政府税收收入的分成比例是 θ,且 $\theta > 0$,则地方政府的收入表示为 $T = T_0 + \theta t Y_j$。再来考虑地方政府的支出情况,假设地方政府的支出主要用于两个方面,一方面是对本地区进行的投资支出,另一方面是对于公共物品和服务的支出。综合以上分析,地方政府预算约束可以表示为:$I_j + M_j = T_0 + \theta t Y_j$,该式左边表示地方政府总支出,右边表示地方政府总收入,两边相等时说明政府预算保持平衡。

综合以上,我们可以建立如下地方政府效用最大化的最优模型:

$$\max U_j = \mu Y_j + u(M_j) \tag{3-1}$$

$$\text{s. t. } Y = Y(k_j, I_j) \tag{3-2}$$

$$I_j + M_j = T_0 + \theta t Y_j \tag{3-3}$$

该模型是一个关于中央和地方两个级次政府结构的财政分权模型,从本质上来看其实是一个关于中央和地方的 Stackelberg 模型。在该模型中中央政府首先确定对地方政府政绩的考核机制从而确定是否能够实现对居民真实公共物品偏好效用的满足,因此也就是决定系数 μ 的大小,同时中央还要通过税收收入的财政激励给予地方政府一定的税收分成,也就是决定系数 θ 的比例。该模型中的地方政府在了解中央的有关政策的同时,根据这一情况确定税率 t 并获得税收收入,同时安排财政支出用于公共物品和公共服务,从而确定 I_j 和 M_j。

在该模型中我们假定居民不能自由迁移,地方政府为了获得好的政绩考核的结果而展开地方经济增长竞争的锦标赛,为了吸引更多资本进入本地区,地方政府加大了经济类公共物品①的投入,在这里我们以基础设施的投入作为经济类公共物品的主要投入变量,因为经济类公共物品也就是基础设施的投入直接进入当期生产函数 $Y(k_j, I_j)$,能够给地方政府官员带来好的政绩考核结果,获得升迁的机会,同时地方政府往往容易忽视对非经济类公共物品的投入,因为这一部分的投入在短期内没有对经济的增长有显著的作用,地方官员为了追求短期利益而损害了居民对于非经济类公共物品的需求,结果是地方政府公共支出结构的扭曲。在我们建立的中央和地方两级政府结构的财政分权与公共物品供给模型中,在假定了居民不能自由迁移的同时,地方政府由于为了获得政绩考核的机会而展开吸引资本进入本地区的竞争,因此不同地区之间产生了外部性,这种外部性通过资本的不同流向而产生影响。

二、财政激励对公共物品供给的影响

(一)不存在外部性的情况

不考虑地区之间的外部性时,也就是假定资本不在不同地区之间流动的情况下,根据地方政府的预算约束方程 $I_j + M_j = T_0 + \theta t Y_j$,可以得到 $M_j = T_0 + \theta t Y_j - I_j$,将该式代入地方政府目标函数得 $U_j = \mu Y_j + u(T_0 + \theta t Y_j - I_j)$,

---

① 关于经济类和非经济类公共物品的划分参见本文第二章第三节的内容。经济类公共物品主要包括:道路、交通、电力、电信、自来水、下水道、路灯、垃圾收集与处理、管道煤气、机场、车站、港口、能源、通讯等基础设施建设方面;非经济类公共物品包括:文化教育、卫生保健、社会保障、公共安全等方面。

把生产函数代入该式进一步可以得到 $U_j = \mu Y_j(k_j, I_j) + u(T_0 + \theta t Y_j - I_j)$，因此我们建立如下最优化问题的线性规划：

$$\max U_j = \mu Y_j + u(T_0 + \theta t Y_j - I_j) \tag{3-4}$$

为求解该最优化问题，对该式中经济类公共物品即基础设施的投入变量 I_j 求一阶导数并令其结果等于零，可得：

$$\frac{\partial U_j}{\partial I_j} = \mu \frac{\partial Y_j}{\partial I_j} + u'(M_j)\left[\frac{\partial M_j}{\partial Y_j}\frac{\partial Y_j}{\partial I_j} + \frac{\partial M_j}{\partial I_j}\right] = 0 \tag{3-5}$$

整理上式得：

$$\mu \frac{\partial Y_j}{\partial I_j} + u'(M_j)\left[\theta t \frac{\partial Y_j}{\partial I_j} - 1\right] = 0 \tag{3-6}$$

进一步整理得到：

$$\frac{\partial Y_j}{\partial I_j} = \frac{u'(M_j)}{\mu + \theta t u'(M_j)} = \left(\frac{\mu}{u'(M_j)} + \theta t\right)^{-1} = \varepsilon_1 \tag{3-7}$$

通过以上分析我们可以得出(3-7)表示的含义是地方政府在财政预算约束下获得最大化效用时需满足的条件，即投资的边际收益等于其边际成本。或者说投资基础设施所带来的边际产出的增加等于向居民所提供的非经济类公共物品供给减少所带来的效用水平的下降。

我们在以上分析结果的基础上探讨实际中地方政府为追求政绩考核的机会而展开晋升锦标赛的竞争对公共物品供给支出的影响情况，由于在该模型中我们假定居民和资本都不能自由流动，即没有公共物品和地区之间外部性的影响，当中央政府的考核机制不能很好地使得地方政府按照居民真实偏好来供给公共物品时，一般来讲 $\mu > 1$，也就是地方政府偏好于投资基础设施的增加，即(3-7)式所表达的内容。

当 $\mu = 1$ 时，即政府偏好和居民社会偏好相一致时的社会最优基础设施提供和公共物品供给的条件。把 $\mu = 1$ 代入(3-7)式得到 $\frac{\partial Y_j}{\partial I_j^*} = \left(\frac{\mu}{u'(M_j^*)} + \theta t\right)^{-1} > \varepsilon_1$，由于 $Y_{II}(k_j, I_j) < 0$ 也就是投资的边际产出递减，可以得到 $I_j^* < I_j$，该式说明按照社会最优原则的基础设施投资应更少一些，说明通常情况下 $\mu > 1$ 时地方政府由于追求 GDP 的政绩考核使得对基础设施的投资超过了社会最优水平 I_j^*。接下来进一步考虑财政激励和税收激励对地方政府供给公共物品的影响情况，依据(3-7)式可以得到 $\frac{\partial \varepsilon_1}{\partial \theta} > 0$ 和 $\frac{\partial \varepsilon_1}{\partial t} > 0$，这说明当中央政府给予地方政府更多比例的税收分成即财政激励增加时或者经济的增长带来更多财政收入时,地方政府会增加在基础设施上投资的热情和激励。因此可以看出,中央政府越是强调经济增长的政绩考核 $\frac{\partial \varepsilon_1}{\partial \mu} > 0$,同时财政激励和税收激励的增加,都会使地方政府在基础设施上的投资增加而忽视短期对经济增长作用不显著的非经济类公共物品的支出。

基于上述分析在这里我们提出假设 1:当 $\mu > 1$,即中央政府如果以 GDP 考核地方政府政绩的情况下,投资基础设施的水平高于社会最优水平,而投资于非经济类公共物品的支出则不能满足居民需求,同时财政分权体制下财政激励和税收激励强化了地方政府的这种支出倾向。

（二）存在外部性的情况

前面的分析我们假定居民和资本不能在地区之间自由流动,现在我们在此分析的基础上进一步考虑外部性所带来的影响,即在中央和地方政府财政分权的背景下,地方政府追求 GDP 的政绩考核而展开锦标赛式的竞争,为了吸引更多资本流入本地区,地方政府之间的经济增长的竞争使得相互之间产生了外部性,影响公共物品的供给,同时由于公共物品本身的外部性问题,在分权的背景下,地方政府由于追求自身利益最大化行为,都希望通过搭便车享受其他地方政府所提供的公共物品,而减少本地区的财政支出,结果是外部性较大的公共物品的供给缺失,居民对公共物品的需求无法满足。

假定资本可以自由流动,对于总资本 K 如何在地区之间流动主要在于不同地区之间利润率的高低,资本总是会流向利润率高的地区,然而竞争的结果是利润率在各地区之间趋向于均衡,即最终的结果是各地区的利润率趋于一致。为了简化分析,我们采用经济学中比较静态的分析方法,假定资本回报率是 π,且是给定的,已知资本边际税率是 t,可以得到 $(1-t)\frac{\partial Y_j}{\partial k_j} \equiv \pi$ $(j=1,2,\cdots,n)$,同时满足 $\sum_{j=1}^{n} k_j = K$,由于各个地区是同质的,地方政府竞争的结果是资本在不同地区之间的配置是对称的。另外由于 $Y_{kl}(k_j, I_j) > 0$,即地方政府投资于基础设施能够吸引更多资本进入,可以把资本的流入 k_j 看成是投资基础设施 I_j 的函数。因此我们重新构建财政分权体制下地方政府最优化问题的线性规划:

$$\max U_j = \mu Y_j + u(T_0 + \theta t Y_j - I_j) \tag{3-8}$$

$$\text{s. t. } Y = Y(k_j, I_j) \tag{3-9}$$

为求解该最优化问题,对该式中经济类公共物品即基础设施的投入变量 I_j 求一阶导数并令其结果等于零,可得:

$$\frac{\partial U_j}{\partial I_j} = \mu\Big[\frac{\partial Y_j}{\partial k_j}\frac{\partial k_j}{\partial I_j} + \frac{\partial Y_j}{\partial I_j}\Big] + u'(M_j)\Big\{\frac{\partial M_j}{\partial Y_j}\Big[\frac{\partial Y_j}{\partial k_j}\frac{\partial k_j}{\partial I_j} + \frac{\partial Y_j}{\partial I_j}\Big] + \frac{\partial M_j}{\partial I_j}\Big\} = 0$$

$$\tag{3-10}$$

整理上式得:

$$\mu\Big[\frac{\partial Y_j}{\partial k_j}\frac{\partial k_j}{\partial I_j} + \frac{\partial Y_j}{\partial I_j}\Big] + u'(M_j)\Big\{\theta t\Big[\frac{\partial Y_j}{\partial k_j}\frac{\partial k_j}{\partial I_j} + \frac{\partial Y_j}{\partial I_j}\Big] - 1\Big\} = 0 \tag{3-11}$$

进一步整理得到:

$$\frac{\partial Y_j}{\partial k_j}\frac{\partial k_j}{\partial I_j} + \frac{\partial Y_j}{\partial I_j} = \frac{u'(M_j)}{\mu + \theta t u'(M_j)} = \Big(\frac{\mu}{u'(M_j)} + \theta t\Big)^{-1} = \varepsilon_2 \tag{3-12}$$

上式表明在存在地区之间外部性的情况下,地方政府在财政预算约束下获得最大化效用时需满足的条件,即投资的边际收益等于其边际成本。或者说投资基础设施所带来的边际产出的增加等于向居民所提供的非经济类公共物品供给减少所带来的效用水平的下降。该结果和资本不流动的情形相比较,(3-12)式比(3-7)式的左边增加了 $\frac{\partial Y_j}{\partial k_j}\frac{\partial k_j}{\partial I_j}$ 项,该式说明在考虑了资本流动的情形下,由于地方政府的竞争所带来的地区之间外部性会产生投资的间接效应,即投资增加会吸引更多资本流入本地区带来经济增长,同时地方政府的这种支出偏好是以牺牲居民非经济类公共物品效用减少为代价的,即投资于基础设施的成本是居民对于公共物品效用的下降。

进一步地为了得到本地区对基础设施投资对其他地区所带来的外部性,我们由 $(1-t)\frac{\partial Y_j}{\partial k_j} \equiv \pi \ (j = 1, 2, \cdots, n)$ 式,对该式两边 I_j 求一阶导数可以得到:

$$(1-t)\Big[\frac{\partial^2 Y_j}{\partial k_j^2}\frac{\partial k_j}{\partial I_j} + \frac{\partial^2 Y_j}{\partial k_j \partial I_j}\Big] = 0$$

则

$$\frac{\partial^2 Y_j}{\partial k_j^2}\frac{\partial k_j}{\partial I_j} + \frac{\partial^2 Y_j}{\partial k_j \partial I_j} = 0 \tag{3-13}$$

该式也可以表示为: $Y_{kk}\frac{\partial k_j}{\partial I_j} + Y_{kI} = 0$

$$\frac{\partial k_j}{\partial I_j} = -\frac{Y_{kI}}{Y_{kk}} \tag{3-14}$$

由于 $Y_{kk}(k_j, I_j) < 0$ 表示资本的边际产出递减，同时 $Y_{kI}(k_j, I_j) > 0$，表示投资和资本存在互补的关系，即投资的增加能够提高资本的边际生产力，因此可以得到 $\frac{\partial k_j}{\partial I_j} > 0$ 和 $\frac{\partial k_j}{\partial I_i} < 0$，且 $i \neq j$，这说明在资本总量 K 既定情况下，一个地区基础设施投资的增加会对其他地区资本流入带来负外部性。因此在资本可自由流动时，地方政府扩大投资规模比在资本不能自由流动时获得更多的边际收益，再来比较（3-12）式和（3-7）式，我们可以得到 $\varepsilon_1 < \varepsilon_2$，即 $\left(\frac{\mu}{u'(M_j^1)} + \theta t\right)^{-1} < \left(\frac{\mu}{u'(M_j^2)} + \theta t\right)^{-1}$，其中 M_j^1 和 M_j^2 分别表示资本不流动和资本流动两种情形下的公共物品供给，由以上不等式可以得到 $u'(M_j^1) < u'(M_j^2)$，同时由消费者边际效用递减规律，即 $u''(M_j) < 0$，得到 $M_j^1 > M_j^2$，即在资本可流动时公共物品供给会相对不足。另外再来考虑地方政府为追求晋升机会展开地方经济增长的竞争会带来财政收入和税收收入的增加，对于地方政府预算来说即表示为 $I_j^1 + M_j^1 < I_j^2 + M_j^2$，进一步表示为 $I_j^1 < I_j^2$，也就是和资本不流动的情况相比，在财政分权体制下地方政府之间竞争的外部性会导致政府支出偏向于对经济增长有直接效应的基础设施投资而忽视短期对经济增长作用不显著的非经济类公共物品的支出，这一结果可以表示为 $\frac{I_j^1}{M_j^1} < \frac{I_j^2}{M_j^2}$。

基于以上的分析在这里我们提出假设 2：在财政分权体制下，当资本自由流动时，为了获取自身收益最大化的地方政府展开地区之间竞争的结果是经济和财政收入增长的同时削弱了地方非经济类公共物品的供给，即 $M_j^1 > M_j^2$，同时从地方政府财政支出结构来看，政府更加偏好于投资基础设施支出比例的增加，即 $\frac{I_j^1}{M_j^1} < \frac{I_j^2}{M_j^2}$。

三、人员考核机制对公共物品供给的影响

接下来分析政府官员考核机制对公共物品供给的影响，为了简化分析我们假设每一个地区的地方政府官员有两期政治生涯，同时假设地方政府官员人数为 1。在地方政府官员任职的第一期，由其决策财政在经济类与非

经济类公共物品的支出比例,由于地方政府官员为了能够在下一期获得升迁或者连任的机会,会努力推动经济的增长,以期获得好的政绩考核结果。假设由地方政府官员所决策的对经济增长有直接效应的经济类公共物品财政支出比例为 α,同时投入到对经济增长作用不显著的非经济类公共物品的财政支出比例为 β,满足 $0<\alpha<1$ 和 $0<\beta<1$,且 $\alpha+\beta=1$。

如果地方政府官员在第二期没有获得晋升的机会而是留任原职,这一结果可能性的概率假设为 $\gamma e(\alpha,\rho)$,满足 $0<e(\alpha,\rho)<1$,其中 ρ 表示其他地区政府官员在经济类与非经济类公共物品上的投入组合。另外进一步假设 $e'_{\alpha}<0$ 和 $e''_{\alpha}\geq0$,这说明中央政府通过考核地方政府官员的经济绩效来决定其晋升的机会,即地方政府官员政治晋升概率和取得的经济绩效正相关。而地区经济增长的绩效和官员任职内对经济类公共物品的财政支出增加的比例正相关,也就是和 α 的取值有正相关关系。这和周黎安[①]的研究是相一致的,周黎安认为省一级官员政治晋升的概率和省级 GDP 增长率有显著正相关关系。另外 γ 表示的是财政分权度的逆向指标,且满足 $0<\gamma<1$,这一指标是影响官员政治晋升重要的参数,如果财政分权的程度越大,即 γ 的值越小,则一个地区官员所取得的经济绩效与该地区官员政治晋升匹配程度越契合,此时官员如果获得好的经济增长绩效就能获得第二期的政治晋升机会,其晋升的概率值很可能会越高。

假设地方政府官员的效用函数表示为 $u(\alpha,\beta)=\dfrac{\alpha^{1-\varphi}}{1-\varphi}+\dfrac{\beta^{1-\varphi}}{1-\varphi}+(1-\gamma e)$ $\dfrac{\kappa^{1-\varphi}}{1-\varphi}$,由前面的分析我们知道 γe 表示的是官员在第二期留任原职的概率,则在这里 $(1-\gamma e)$ 表示的是地方政府官员在下一期晋升的概率,κ 表示的是地方政府官员在第二期得到晋升时增加的当期效用,参数 $0<\varphi<1$,该效用函数表示地方政府官员为了获得中央政府对其考核的经济绩效政治晋升的结果而采取的相应的财政支出决策,以期望获得最大的满足,即地方政府官员决策财政用于经济类公共物品和非经济类公共物品的支出结构,一方面经济类公共物品对经济增长有直接的效应,同时给地方政府官员带来效用,另外对非经济类公共物品的财政支出是地方政府服务于当地居民也能够给地方政府官员带来效用满足。根据效用最大化的利益原则,我们可以构建

---

① 周黎安.中国地方官员的晋升锦标赛模式研究[J].经济研究,2007,7(36):50.

该最优化问题的模型如下：

$$\max u(\alpha,\beta) = \frac{\alpha^{1-\varphi}}{1-\varphi} + \frac{\beta^{1-\varphi}}{1-\varphi} + (1-\gamma e)\frac{\kappa^{1-\varphi}}{1-\varphi}$$

$$\text{s. t. } \alpha + \beta = 1$$

$$e = e(\alpha,\rho)$$

把上述约束方程带入目标方程可以表示为：

$$\max u(\alpha,\beta) = \frac{\alpha^{1-\varphi}}{1-\varphi} + \frac{(1-\alpha)^{1-\varphi}}{1-\varphi} + [1-\gamma e(\alpha,\rho)]\frac{\kappa^{1-\varphi}}{1-\varphi} \quad (3\text{-}15)$$

为了求解该问题，我们对该式中变量 α 求一阶导数，并令结果等于 0，即：

$$\frac{\partial u}{\partial \alpha} = \frac{1}{1-\varphi}(1-\varphi)\alpha^{-\varphi} + \frac{1}{1-\varphi}(1-\varphi)(1-\alpha)^{-\varphi}(-1)$$

$$+ \frac{\kappa^{1-\varphi}}{1-\varphi}(-\gamma)e'_\alpha = 0 \quad (3\text{-}16)$$

整理上式得：

$$\alpha^{-\varphi} - (1-\alpha)^{-\varphi} - \frac{\kappa^{1-\varphi}}{1-\varphi}\gamma e'_\alpha = 0 \quad (3\text{-}17)$$

通过分析我们可以得出上式存在唯一均衡的解，即 $\alpha^* > 0.5$。因此通过以上的分析，我们可以得出当 $\alpha^* > 0.5$ 时，即和非经济类公共物品相对而言，地方政府官员倾向于把更多的财政支出增加于对经济类公共物品的投入。

基于以上的分析在这里我们提出假设3：在财政分权的体制背景下，由于中央政府对地方政府人员考核机制的影响使得地方政府将更多的财政用于追加于对经济类公共物品的支出。

四、财政分权与社会福利分析

从前面模型的分析我们得出由于财政分权所给予地方政府的财政激励和中央政府对地方政府考核机制的作用下，地方政府在硬预算约束的条件下通过地区之间的竞争会使得公共支出偏向于对经济增长有直接作用的经济类公共物品和基础设施的增加，同时削弱了短期对经济增长作用不显著的非经济类公共物品的支出，也就是前面假设2所给出的内容，那么，在这种情况下，按照新古典的分析方法，我们需要进一步考虑的是社会福利状况如何呢？一方面地方政府追求GDP增长的直接效应是地方收入和财政收入的增加所带来的人们效用的增加,另外一方面是非经济类公共物品供给相对不足人们效用水平的下降,这两种效应综合起来的结果如何,接下来我们需要进一步的分析社会福利的变化,即分析财政分权对整个社会福利的影响效应。

由前面模型的福利函数 $U_j = \mu Y(k_j, I_j) + u(M_j)$,我们对实现社会最优时的函数中的 I_j 和 M_j 求全微分,可以得到:

$$\mathrm{d}U_j = \frac{\partial U_j}{\partial I_j}\mathrm{d}I + \frac{\partial U_j}{\partial M_j}\mathrm{d}M_j = 0 \tag{3-18}$$

即:

$$\mu\mathrm{d}Y_j + \frac{\partial u}{\partial M_j}\mathrm{d}M_j = 0 \tag{3-19}$$

假设资本不流动的情况下,由 $\mathrm{d}Y_j = \frac{\partial Y_j}{\partial I_j}\mathrm{d}I_j = \varepsilon_1 \mathrm{d}I_j$,代入上式得到:

$$\mu\varepsilon_1 \mathrm{d}I_j + \frac{\partial u}{\partial M_j}\mathrm{d}M_j = 0 \tag{3-20}$$

整理上式得:$\dfrac{\mathrm{d}I_j}{\mathrm{d}M_j} = -\dfrac{u'(M_j)}{\mu\varepsilon_1}$

在社会最优时由地方政府预算约束 $I_j = T_0 + \theta t Y_j - M_j$ 得:

$$\frac{\mathrm{d}I_j^1}{\mathrm{d}M_j^1} = -\frac{u'(M_j)}{\mu\varepsilon_1} = -1 \tag{3-21}$$

由以上分析考虑资本流动情况下有 $\mathrm{d}Y_j = \left(\dfrac{\partial Y_j}{\partial I_j} + \dfrac{\partial Y_j}{\partial k_j}\dfrac{\partial k_j}{\partial I_j}\right)\mathrm{d}I_j = \varepsilon_2 \mathrm{d}I_j$,把该式代入(3-19)得:

$$\mu\varepsilon_2 \mathrm{d}I_j + \frac{\partial u}{\partial M_j}\mathrm{d}M_j = 0 \tag{3-22}$$

整理得:

$$\frac{\mathrm{d}I_j^2}{\mathrm{d}M_j^2} = -\frac{u'(M_j)}{\mu\varepsilon_2} \tag{3-23}$$

由于 $\varepsilon_1 < \varepsilon_2$,可以得出:

$$\left|\frac{\mathrm{d}I_j^2}{\mathrm{d}M_j^2}\right| < \left|\frac{\mathrm{d}I_j^1}{\mathrm{d}M_j^1}\right| = 1 \tag{3.24}$$

上式表示的是在财政分权背景下的地方政府竞争使得非经济类公共物品与基础设施之间的边际替代率小于资本不流动地区之间没有外部性时的情况,或者说基础设施边际量的增加能够带来更大的收益增加,反之,基础设施边际量的减少带来较大的损失。同时由于地区之间竞争和公共物品的外部性,使得地方政府的决策偏离了最优点,即社会福利的损失。

我们需要进一步做出分析,由地方政府效用函数 $U_j = \mu Y(k_j, I_j) + u(M_j)$ 得到政府对基础设施和非经济类公共物品的支出结构变化对效用函数的影响表示为:

$$
\begin{aligned}
\mathrm{d}U_j &= \mu \mathrm{d}Y(k_j, I_j) + \mathrm{d}u(M_j) \\
&= \mu \frac{\partial Y_j}{\partial I_j}\mathrm{d}I + \mu \frac{\partial Y_j}{\partial k_j}\frac{\partial k_j}{\partial I_j}\mathrm{d}I + \frac{\partial u}{\partial M_j}\mathrm{d}M_j \\
&= \mu\Big[\frac{\partial Y_j}{\partial I_j} + \frac{\partial Y_j}{\partial k_j}\frac{\partial k_j}{\partial I_j}\Big]\mathrm{d}I + \frac{\partial u}{\partial M_j}\mathrm{d}M_j
\end{aligned}
\tag{3-25}
$$

考虑政府预算约束下,在财政收入既定的情况下,地方政府用于基础设施支出和非经济类公共物品支出是互为替代的,即一方面的增加是以另外一方面的减少为代价的,$\mathrm{d}I_j = -\mathrm{d}M_j$。于是我们需要考虑的是由于分权背景下的外部性地方政府之间的竞争使得支出结构偏离了最优点,带来了社会福利的损失,是否能够通过调整地方政府的支出结构来增加社会福利呢?

把(3-12)式和 $\mathrm{d}I_j = -\mathrm{d}M_j$ 代入(4-25)得:

$$
\begin{aligned}
\mathrm{d}U_j &= \frac{\mu u'(M_j)}{\mu + \theta t u'(M_j)}\mathrm{d}I - u'(M_j)\mathrm{d}I = \Big[\frac{\mu u'(M_j)}{\mu + \theta t u'(M_j)} - u'(M_j)\Big]\mathrm{d}I \\
&= -\frac{\theta t\big[u'(M_j)\big]^2}{\mu + \theta t u'(M_j)}\mathrm{d}I
\end{aligned}
\tag{3-26}
$$

对上式进行分析我们可以知道,(3-23)式中分母都大于 0,分子小于 0,因此可以得出:

$$
-\frac{\theta t\big[u'(M_j)\big]^2}{\mu + \theta t u'(M_j)} < 0
\tag{3-27}
$$

这表示如果地方政府能够增加对非经济类公共物品的支出比例降低基础设施的支出比例,也就是通过这种支出结构的调整就能够增加社会的福利水平。通过以上的分析结果我们可以得出如果每一个地方的政府都能够按照这种要求来调整其支出结构的话,每个地方的情况都可以改善,那么整个社会的福利水平就会提高。而事实上由于每一个地方政府之间的这种非合作博弈的结果使得财政支出结构出现扭曲,社会福利很难实现社会最优的水平,造成社会福利的损失。因此我们得出结论,在财政分权体制下,地方政府之间竞争使得政府财政支出结构扭曲,造成了社会福利水平的下降,如果地方政府能够调整财政支出结构,即增加对于非经济类公共物品和服务的财政支出比例,就能够改善这种境况提高社会福利水平。

五、模型稳健性与扩展分析

通过以上的分析我们初步建立了财政分权和公共物品供给的基本模型的框架,可以看出上述分析是具有一般性的,因为几乎没有设定任何严格的假设条件,因此我们得出的初步的结论也具有较好的稳健性。从以上分析可以看出在对地方政府目标函数的设定时,只要满足 $u'(M_j) > 0$ 和 $u''(M_j) < 0$,即对公共物品消费的边际效用递减规律的满足,这和新古典经济学的效用理论是相一致的,同时需要满足居民对公共物品和私人物品消费的相互独立性,那么我们的模型和结论是具有一般性和稳健性的。另外我们建立的财政分权和公共物品供给模型是建立在资本流动和公共物品外部性的基础上,同时资本流动外部性大于公共物品外部性的作用,特别是资本流动是地方政府竞争的主要内容,中国的政治体制和财政激励是中国式分权得以成功的关键,中国在财政分权的同时保持了政治的集中,因此中央政府能够掌握比较充分的地方政府的有关信息并且拥有对地方政府官员奖惩的能力,Qian 和 Weignast[①](2005)认为联邦制分权效果需依靠政治的集中。另外分权体制所带来的财政激励的有效性推动了经济的增长,Freinkman 和 Goldberg(2003)认为政治集中能够对地方政府的寻租行为进行限制,而可置信的财政激励推动了地区经济的增长。

另外在我们建立的中央－地方分权模型中,中央政府主要是以 GDP 的目标来作为对地方政府的政绩考核,Li 和 Zhou(2005)认为在政治晋升的激励下,地方政府官员通过地方经济展开标尺竞争,因此以 GDP 为锦标赛的政治激励使得地方政府忽视了对经济增长作用不显著的非经济类公共物品的支出[②](王永钦等,2007),因此扭曲了地方政府的公共支出结构而获取任期内的短期利益[③](乔宝云等,2005),也就是说财政分权引起地方政府之间开

---

① Jin H, Qian Y, Weignast B R. Regional decentralization and fiscal incentives: Federalism, Chinese style[J]. Journal of public economics,2005,89(9):1719 – 1742.

② 王永钦,张晏,章元,等. 中国的大国发展道路——论分权式改革的得失[J]. 经济研究,2007,1(1):4 – 17.

③ 乔宝云,范剑勇,冯兴元. 中国的财政分权与小学义务教育[J]. 中国社会科学,2005,6(2010):7.

展扭曲性的竞争,从而对公共物品和公共服务供给产生不良的影响(Wilson,1999)。在模型中我们假设人口不能自由流动,这和中国户籍制度对人口流动的限制是相似的,说明 Tiebout 模型中关于人口自由流动的地方政府竞争的机制在中国是不可行的,丁菊红等(2011)认为中国的户籍制度使得居民缺乏以脚投票的能力,也使得地方政府忽视对经济增长没有直接效应的非经济类公共物品的供给。张晏等①(2007)认为,在中国地区之间的资本流动可以一定程度上取代蒂布特模型中人口流动在不同地区之间竞争机制的作用,因此,从理论上来说,只要资本流动性大于人口流动性这一条件得以满足就能够保证模型结论的稳健性。

---

① 傅勇,张晏. 中国式分权与财政支出结构偏向:为增长而竞争的代价[J]. 管理世界,2007(3):4 – 12.

第四章 我国财政分权体制改革与公共物品供给现状分析

第一节 我国财政分权管理体制改革主要内容

在上一章,我们从财政分权的视角对地方公共物品供给的效率进行了理论的分析,并且通过建立财政分权体制背景下地方政府公共物品供给模型来进一步阐释分权对公共物品供给的影响,接下来我们在前面两章分析的基础上结合我国财政分权的实践来具体深入剖析我国地方政府特别是省级地方政府公共物品供给的有关情况,从而探讨中央和地方政府的财政关系如何以及供给地方公共物品的制度环境和体制变革。

一、财政分权主要依据的原则

从前面内容的分析我们已经知道,由于公共物品本身的特性使得市场供给机制出现失灵,这就需要政府从其职能的角度出发来提供公共物品和服务以满足居民的公共需求,然而,随着社会的发展和技术的不断进步,在公共物品供给领域,政府并不是唯一的提供者,还有其他方式比如私人自愿供给以及联合供给等形式,本文的重点和视角是从财政分权即政府之间财政关系角度出发对我国公共物品和服务内容的研究,主要关注地方政府作为公共物品的主要提供者的行为。

我国财政体制按照传统划分有五级,中央政府以下有省级单位 31 个[①],省以下地区级单位有 333 个,县级单位 2852 个和乡镇级单位 40446 个[②],一般来讲,我们所说的地方政府指的是中央政府以下所有级次政府的统称,在

[①] 我国财政体制省级单位中不包括香港特别行政区、澳门特别行政区以及台湾省。

[②] 数据来源:中国国家统计局网站公布的 2013 年财政数据。

所有级次的地方政府中,省级政府是最高一级的地方政府,包括了 22 个省、5
个自治区和 4 个直辖市,并且在财政地位上和中央一级最接近,通常中央颁
布的政策以省为界限来执行。本文中的地方政府同样指的是省级和省级以
下所有级次地方政府的统称。

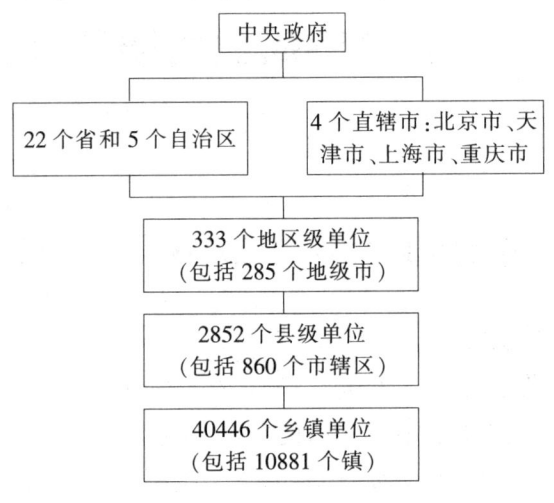

图 4-1　中国政府结构图

资料来源:国家统计局公布的 2013 年统计数据。

（一）法定原则

财政分权所依据的法治原则要求政府之间财政关系一旦由法律确定,
就具备了法律所要求的严肃性和稳定性。财政分权体制改革过程中要依据
法律来确定和运作政府之间的财权和事权,任何的上一级政府都无权随意
变更,如果需要变更则要按照法律所规定的程序进行,交由相应立法部门审
核才能通过。财政分权的这一原则还要求各级政府必须依法行政和理财,
同时要把公共事务纳入国家法律和法规的框架内治理。

（二）财权与事权相匹配原则

财权和事权相匹配的原则要求政府之间的财政关系要理顺,也就是一
级政府要对应一级财权,而一级财权要对应一级事权,关键要协调好政府间
的财政关系从而减少各种的不确定性。由于我国地区和区域之间经济的发
展水平不均衡,因此从地方政府的财政能力来看经济发达地区和不发达地
区存在较大的差异性,为了避免这种差异性给经济社会和体制选择带来的
各种弊端,对政府之间的责任划分和财政支出分配模式就不能贯彻一刀切

的原则,而应该考虑到实际的情况去选择不同的模式。具体来讲就是对于经济比较发达的地区要实现财权、财力和事权匹配的原则,即支出分配和责任的划分相适应的政府财政关系,对于经济相对不发达的地区考虑财力与事权匹配,而支出的责任要与其可支配的财力相适应,对于不足的部分需要通过法律所规定的财政的转移支付得到补充。

(三)分权适度原则

地方政府相对比中央政府更熟悉本地区居民对公共物品的需要,也就是地方政府更具有信息的优势来提供地方公共物品和服务,因此应当使地方政府拥有足够的财力来承担起为本地区居民提供合意的公共物品和服务的职责,也就是实现公共物品供给效率的满足。从财政分权的各国实践来看,适度的分权减少了公共物品消费时人们的搭便车现象,也降低了寻租和腐败的机会,同时培养和提高了居民的民主意识,使得政府的压力得到减轻和缓解。但是在很多情况下,地方政府的决策只是为了本地区经济和社会的发展,和中央政府覆盖整个国家经济发展的决策来讲,会有失公平性的原则。另外,由于地方政府公共物品存在收益和成本的外部性,而这种外部性又很难通过市场机制本身获取相应的弥补,这时就需要中央政府作出适当的调节和干预,所以我们说对于一个国家适度的财政分权是必要的[1]。

二、我国财政分权管理体制改革阶段划分

我国财政体制的改革可以说是一直围绕着集权与分权关系的变化而进行的,从1949年新中国成立到改革开放前,我国实行"统收统支"财政体制,这种体制的安排要求地方政府把全部收入上缴中央,然后由中央再来全面统一安排地方的财政支出,这个时候在财政上中央对地方也是高度集权的关系。然而就是在计划经济中央和地方政治和财政关系高度集权的时期,我国的财政体制也尝试了若干次分权的实践,经历了一个比较复杂的过程。我国财政体制的改革主要在于如何合理划分和分配中央和地方政府的权利和利益以及充分调动地方的积极性,这也是我国经济和社会发展的重要方面。具体来看,从1958年到1961年我国在计划经济时期的第一次分权实践开始,然后到60年代末把这段时期下放的财政权利又逐渐的收回。到了1969年以后,我国再次进行了财政分权的实验,实行"块块"为主的财政管理

① 任珠峰.浅析我国财政分权改革的路径与原则[J].金融经济(理论版),2007(4).

体制。然而这两次的分权实践由于各种原因下放的权利非常有限,同时持续的时间也都不长。改革开放以后,随着社会主义市场经济体制的建立,财政分权的改革进一步发展和深化,从80年代初期开始到90年代初期的这段时间,在我国以市场化导向为基础的经济和体制改革转轨的宏观背景下,我国财政分权体制改革的步伐进一步加大。其中,财政分权改革两个重要的时期分别是80年代的"分灶吃饭"和1994年之前实行财政包干管理体制,因此,大多数学者普遍认为可以把从1980年开始的"分级包干"的财政体制看作是我国财政分权管理体制确立的起始时间是比较合适的,因为这一制度的建立明确了中央和地方政府各自的地位和利益,同时也是按照财权和事权相匹配的原则而设计,这正是财政分权思想的精华所在①。

表4-1 我国财政体制变迁表(1949年至今)

	时间阶段	财政体制简介
统收统支财政体制阶段	1949—1952年	高度集权,统收统支
	1953—1958年	分类分成,分级管理,以收定支,五年不变
	1959—1970年	总额分成,以支定收,一年一变,地方收入的基数、支出权限增加
	1971—1973年	收支包干财政体制,定收定支,保证上缴或者差额补贴,结余归地方支配和使用,一年一定
	1974—1975年	收入在基数内,分成比例固定,超收部分另定分成比例,支出按指标包干
	1976—1979年	总额分成,定收定支,收支挂钩,一年一变
财政包干制阶段	1980—1985年	包干试行阶段,划分收支,分级包干,固定比例分成
	1985—1988年	包干制过渡阶段,划分税种,核定收支,分级包干
	1988—1993年	包干制全面推行,分灶吃饭,全国共实行六种不同包干形式
分税制财政体制阶段	1994年至今	根据责任划分中央和地方支出,按税种划分中央和地方收入;实行税收返还以及转移支付制度;分别设中央和地方税务机构并且实行分别征税

① 辛波.政府间财政能力配置问题研究[M].中国经济出版社,2005:42-44.

综合以上分析,我国的财政体制改革的过程大致经历了三个主要的阶段,这主要是从财政分权视角的划分,即第一阶段是 1950 年到 1979 年,这一时期被称为"统一领导,分级管理"的财政体制,第二阶段是 1980 年到 1993 年,被称为所谓的"财政包干"的财政体制,第三阶段是 1994 年以来分税制的财政体制改革。本书主要关注后两个阶段的财政体制改革,因为从 1980 年的财政包干管理体制开始被看作是我国财政分权改革的开始阶段,因此我们对从这一时期开始的我国财政分权管理体制的改革做一简单回顾和简要的评价。

三、财政包干体制简述(1980—1993 年)

1978 年党的十一届三中全会的召开,使得市场机制逐渐被引入到我国经济的发展中来,在这个经济体制改革的过程中,自 1980 年开始,我国财政体制也相继进行分权式的探索和改革。我国从 1980 年开始试行承包制,一直到 1988 年在全国推行,所谓财政承包指的是中央对省级单位的财政收入和财政支出进行包干,对于地方的增收部分地方可按照一定的比例留下自用,由于收入下降出现的收不抵支的部分则减少和不予补助。财政包干总的来说就是"包",这一前提就是要把中央和地方各自收支的权限进行清楚地划分,中央对地方"包"的是收支的总数,对于地方增收或者减支的权利不多加干预。因此,财政包干制的改革是我国真正意义上分权式财政改革的开始,地方政府被赋予了比较稳定的物资配置,逐渐成为有着明确利益意识的主体。虽然包干制明确了中央和地方的财政关系,但是由于我国国民经济管理体制在这一时期还没有发生根本的变化,改革开放前所谓的"条条块块"的管理模式依然起着较大的作用,地方政府依旧没有地方经济管理权力和独立的利益,因此地方政府增加收入的激励也非常有限。我国这一阶段包干制的实行可以说是一个比较曲折和不断完善的过程,这一过程根据不同时期的特点可以分为三个阶段,即 1980 到 1984 年的包干试行阶段,1985 到 1987 年的包干过渡阶段和 1988 到 1993 年的包干推行阶段。

1980 年开始的财政体制改革被称为"分灶吃饭"的方式,这一时期的改革其实是对中央和地方关系的调整,由原来以条条为主的管理模式改为以块块为主,这样调整的目的是为了充分调动地方政府的积极性,使地方政府能够当家作主地获得相应的财权和地方职能的责任心,以期实现财权与事权相匹配。然而这一阶段的改革也出现了一定的问题,中央部门由于减收增支项目的调整使得财政负担比较重,收支不能平衡,地方则为了增加财源进行重复建设,因此在总结了这一时期经验教训基础上,自1984年完成了利改税的调整,国家的财政收入转为以税为主,中央和地方之间的财政分配关系发生较大改变,中央和地方按照税种进行收入的划分,包括中央固定收入、地方固定收入以及中央和地方的共享收入三大类,中央和地方的支出范围仍然以行政隶属关系来进行划分。这一阶段财政改革的运行由于多种因素的影响,也出现了新的问题,例如中央占全国财政收入比重出现连续的下降,财政赤字增大,财政运行困难;经济发展较好的地区上交收入比例过高,不利于地方积极性的发挥;而另外有些地区收入下降,财政问题突出等。为了解决上述各种问题和矛盾,1988年国务院出台了财政包干的决定,在不同的地区采取不同的包干形式,包括收入递增、总额分成、总额分成加增长分成、上解递增包干、定额上解、定额补助六种具体的包干方法。

总之,财政包干制改革的十四年是我国财政分权体制改革的初探阶段,也是一个复杂变化的过程,是一种不同于旧的体制变化的过程,承包制正式地被纳入预算管理,地方政府因为能够从收入增加中获得更多好处,有利于地方积极性的提高和财政能力的增加,另外由于盈亏包干,地方政府也要承担风险和压力。当然这一阶段的改革不可避免地产生了一定的问题,但是总的来说,包干财政体制改革打破原来高度集权的管理模式,新的体制初步形成,通过向地方放权让利的过程促进了经济的发展,调动了各方面的积极性。

四、分税财政体制改革简述(1994年至今)

1994年开始的分税制改革是我国分权式财政体制改革逐渐推进和不断规范成熟的阶段,分税制是一种全新的财政体制改革,它以渐进和温和的方式实现财政包干向分税财政体制转变的过程,使中央和地方之间的分权更加规范和合理化。依据中央和地方的事权划分支出范围,对各级政府税收收入和税权的配置以税种进行划分,税收收入主要在中央,税收立法权在中央,地方拥有一定征收管理权。设定中央和地方两套税务并实行分征分管,以税收返还的方式保证地方的利益,并通过转移支付的方法调节不同地区之间的财力分配,以保证不同地区之间财力的均等化。分税制改革明确了中央和地方的支出和收入范围,调动了地方组织财政收入和发展经济的积极性,和1994年之前财政包干制时期相比,国家财政收入占GDP比重呈逐年上升趋势,中央占全国财政收入的比重也得到了提高,而这两个方面的比重在财政包干制时期是呈下降趋势的。具体来看,财政包干制时期的 1980 年国家财政收入占 GDP 比重为 25.5%,到 1993 年这一比重为 12.3%,同时 1984 年中央占全国财政收入比重是 40.5%,到 1993 年这一比重为 22%,这两个比重的下降说明政府财政实力和中央政府在宏观调控方面能力的减弱。1994 年分税制改革改变了这种局面,国家财政收入不断增长的同时,其占 GDP 的比重也逐年呈上升趋势,具体来看,国家财政收入在 1994 年是 5218.1 亿元,到 2012 年增加至 117253.52 亿元,增加了大约 21 倍。同时,中央财政收入在 1994 年为 2906.5 亿元,到 2012 年达到 56175.23,增加了约 18 倍,在这一时期地方财政收入从 2311.6 亿元增至 61078.29 亿元,增加约 25 倍。

另外,从财政收入增长速度来看,图 4.2 给出了自财政包干制的 1980 年以来到 2012 年我国财政收入占 GDP 比重的变化趋势,我们可以很清楚地看到,在这个过程中,这一比重是呈现出先下降后上升的趋势的,比重下降的时期主要是 1980 年至 1993 年的这段时期,也是我国财政包干制改革的时期,这表示财政收入增加的速度低于同一时期 GDP 的增加速度。之后到了 1994 年分税制改革以来,这一趋势发生了扭转,国家财政收入的增长速度超过了 GDP 的增加速度,因此国家财政收入占 GDP 比重呈现逐年上升的趋势,具体来看,这一比重自 1994 年的 10.8% 增加至 2012 年的 22.7%。

—◆— 国家财政收入占 GDP 比重

图 4-2 1980 年—2012 年国家财政收入占 GDP 比重(单位:%)

数据来源:由《中国统计年鉴》数据计算得到①。

从图 4-2 很清楚地看到,自 1994 年分税制改革以来,我国财政收入随着

---

① 国家财政收入中不包括国内外债务收入。

经济的增长也快速地增加,在经济增长和国家财政收入双增加的同时,我们再来看一下中央和地方财政收入的变化情况。图4-3是自1980年财政包干制改革以来到2012年,我国中央和地方财政收入占国家财政收入比重的变化趋势,具体来看,1993年中央占全国财政收入比重是22%,到2012年这一比重是47.9%,从图4-3可以看到自1993年以来,分税制改革增加了中央财政收入的比重,这说明中央财政实力得到了增加,同时,财力适当地集中有利于提高国家在宏观调控方面的作用力和协调能力,从而来保障国防、科教文卫、农业以及基础建设的发展和全国性公共物品供给的实现,如1994年中央财政国防支出为550.7亿元,到2012年达到6481.38亿元。地方占国家财政收入比重在1994年是44.3%,到2012年是52.1%,较之前有所提高。可以看出,分税制改变了之前中央财政比重连年下降的趋势,并且改变了中央和地方收入划分方式,分税制改革前这一比重自1984年的40.5%下降到1993年的22%,从图4-3可以看到,1980年到1993年中央财政的比重出现了整体下降的趋势,1994年之后上升,然后趋于比较稳定的阶段。

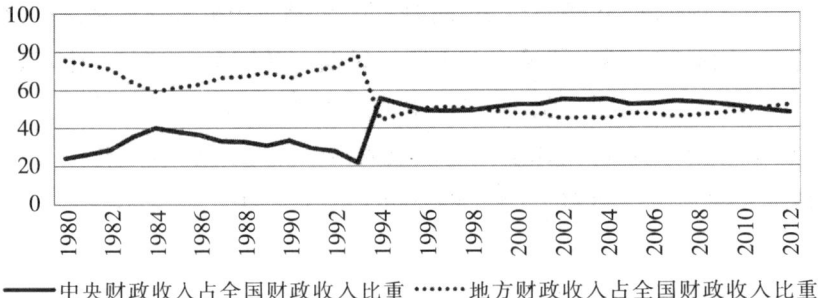

图4-3 1980—2012年中央和地方占全国财政收入比重(单位:%)

数据来源:根据各年《中国财政年鉴》数据计算得到①。

　　1994年以来的分税制改革主要的内容就是税收划分制度的改革,税收收入划分成了中央、地方和共享收入三大部分,分别设国税局和地税局两个税务机构征收不同税种。因此,中央财政收入比重得到了提高,财政收入的调整使中央财力得到集中并且宏观调控以及再分配的能力也得到了提高,而地方收入的比重则被削弱,同时地方对企业税收减免权也削弱了。在这种税收划分方式发生较大改变的同时,中央和地方政府的支出责任没有发

① 中央和地方财政收入均为本级收入,且中央和地方财政收入中不包括国内外债务收入。

生较大改变,依然是沿袭原有税制改革前的支出模式。地方政府依旧承担着供给公共物品的职责,如基础教育、公共卫生与医疗、社会保障和救济、支农、城市基础设施建设等的支出责任。另外,随着我国社会主义市场经济改革的不断推进,国有企业职工下岗以及城市大量失业人口社会保障的提供都给地方政府的财政支出带来很大压力,这说明我国地方政府承担了较大的支出责任①。因此,地方政府的财政收支出现了较大收支缺口,为了平衡收入和支出缺口,保证财政分权机制的效果,自 1994 年以来,中央通过税收返还等方式保证地方政府的利益,使其财政支出至少能够保持与 1993 年的支出水平相同,另外地方政府预算外资金收入也为地方政府弥补财政支出缺口给出有力的支持,是财政激励的主要来源。

第二节　我国公共物品供给基本情况

一、我国公共物品需求不断增长

现阶段,我国正处于经济快速增长和经济向工业化转型的时期,在这个过程当中,出现了一些社会问题和社会矛盾,特别是和经济快速增长不相适应的公共物品和公共服务领域所显现出的问题需要更加重视,如公共卫生医疗、收入差距、义务教育、就业、社会保障等方面的问题是改革和发展中的重要问题,也是社会稳定和社会和谐发展的重要因素,这同时也说明加大我国公共领域的产品和服务供给的水平以及供给的效率都是亟待解决的事情。

从 20 世纪 90 年代分税制改革以来,我国居民对公共物品的需求超速增长,成为市场经济发展过程中的重要推动力和主流变化。根据国际研究证实,当一国人均 GDP 自一千美元向三千美元增加时,随着人们收入水平的提高,对公共物品的需求就会大幅度地提高。而我国自从 1994 年以来,人均GDP 正是经历着这样一个飞速发展的时期,因此,我国居民在人均收入快速增长的同时,对医疗、教育、社会保障和就业服务、基础设施等方面的需求不断增加,这不仅仅是需求总量的增加,同时对公共物品需求结构也发生了加大的变化,这种改变主要是从消费型需求向发展型需求的改变。人们更加

---

①　黄佩华,迪帕克,等. 中国:国家发展与地方财政［M］. 北京:中信出版社,2003:49.

注重对教育、文化和医疗等公共服务需求消费水平的提升,更加注重这些方面质量的提高,有数据显示近十年城镇居民衣食消费的支出年均增加幅度小于我国总的需求增加的幅度,而居民对于教育、医疗和卫生保健等方面的支出增加的幅度则远远大于总的消费增加的幅度。

在这种变化的同时,随着人均收入水平的提高,收入差距也在不断地显现出来,并由此产生人口、就业、资源和环境等问题,公共物品需求主体不断分化,公共物品供给压力不断增加,在城镇居民对公共物品需求快速增加的同时,我国广大农村居民对基本公共物品和服务的需求也在不断增加,农村基础设施、公路、水电改造,灌溉排污、义务教育、公共卫生医疗等各个方面的公共物品需求愈发明显,正在成为越来越需要满足的现实需求,同时也成为需要高度重视和妥善解决的问题。2003年,我国城镇化率达40.53%,第一次超过国际公认40%的临界值水平,2012年我国人均GDP为38420元,与1980年的人均GDP为463元相比,增加了82倍,另外,从恩格尔系数来看,2011年我国城镇居民家庭的恩格尔系数是36.3%,农村居民家庭的恩格尔系数是40.4%,从联合国的划分标准来看,在我国,城镇居民家庭已经属于相对富裕水平,农村居民也已经进入小康的生活水平,因此,在我国城镇居民公共物品和服务需求大幅增长的同时,广大农村居民的公共物品和服务的需求的增加也快速增长。2012年,我国城镇居民家庭的恩格尔系数是36.2%,农村居民家庭的恩格尔系数是39.3%,按照联合国40%小康与相对富裕的临界值,农村居民家庭的恩格尔系数首次突破40%的临界值,这充分说明我国广大农村居民的生活水平得到了大幅的提高,同时对于公共物品和服务需求的增加也在快速增长。

另外,随着人口数量规模和结构的变化以及就业率水平和城市化进程、环境污染、人力资本的投资要求的改变都会带来人们对于公共物品需求的不断提高和变化,作为提供公共物品的政府部门就需要为人们提供适应需求变化的公共物品和服务来保证宏观经济稳定和社会经济结构合理化的发展。因此,中共十七大报告中明确指出,推进基本公共服务均等化,增强政府提供基本公共服务的能力,这已经成为我国建设和谐社会,提高人类发展水平的重要任务。

二、我国公共物品供给现状分析

(一)公共物品供给压力增大

在我国经济快速发展和经济体制转轨的过程中,公共物品供给领域面临着供求失衡和供给的压力等问题,这也是一个国家经济发展的过程中的必经阶段。对于我国来讲,这种供给的压力来自于我国改革开放需要大量财政资金承担改革的成本,同时还需要大量资金用于经济的发展和为可持续的发展创造好的条件。长期以来,我国公共投资把大量资金投入基础设施和竞争性产业,这些能够带来经济的快速增长,但是,在公共物品和公共服务领域,如医疗、教育、社会保障、就业和环境治理方面的投入还不能满足人们的需求,当然,我国在经济增长和社会转型的过程中,基础设施的大规模建设起到重要的拉动经济增长和支撑的作用。改革开放以来,我国在道路建设、水利、电力和社会公共服务基础设施方面的投入大规模增长,公共物品供给规模也得到了很大的提高,但是公共物品供给规模的扩大仍然受到一定的制约,如公共投资周期和乘数效应持续时间较长,政府的级次越低,对于公共物品投入则更不足,这种投入的不足也带来了公共物品供给压力的增大。

(二)公共物品供给结构失衡

在公共物品供给压力增大的同时,公共物品供给还存在着结构失衡的问题,一方面我国区域之间公共物品供给差异比较大,研究表明,区域之间公共物品供给的水平呈现出自东向西下降的趋势,另外一方面公共物品城乡之间也存在着较大差异,这些差异和我国经济的发展、社会的历史和自然条件都是分不开的,因此,2007 年党的十七大已经将促进公共服务均等化作为我国的一项战略目标来实施,从而逐步解决我国区域之间以及城乡之间公共物品供给差异过大的问题。

公共物品供给压力的增大还来自于两个方面,一是中央的政策目标与财政预算分离,另一个是中央政策目标与地方政府的财政预算相偏离。比如中央把义务教育的指标安排给地方政府,但是又没有安排预算资金给地方,因此,当中央把各项指标和定额安排给地方的同时,即使是在没有预算资金保证的情况下,地方政府也必须去执行或者地方政府就是按照下有对策的方式来应对,这就使得公共物品供给的压力越来越大。我们可以很清楚地看到,各地区地方政府财政支出和所承担事权之间存在较大差距,在级次更低的地方政府,这种差距更明显,尤其是在县级地方政府。

从财政支出科目来看,省与省之间财政支出差异性很大,特别是人均资本支出,省与省之间的差异性非常大,由于我国总体上资本相对不足,不同省际地方政府之间为吸引外资展开了激烈的竞争,吸引外资较多的省份和地区获得更好的经济绩效[①],这里以东部地区特别显著,而中西部地区收支缺口比东部地区要大。公共物品供给结构的失衡和这些地区经济发展差距有很大关系,根据国家统计局的数据显示,2012 年我国居民收入分配差距的基尼系数是 0.474,地区之间以及城乡之间收入差距的扩大和我国当前在医疗、教育、社会保障和就业等公共物品和服务领域的不均等有着很大的关系。因此,在我国财政分权体制下,由于公共服务供给机制尚未有效建立,公共财政职能各尽其责不完善,存在着公共物品和服务供给不足以及供给不均等的问题和压力。

第三节　我国公共物品供给宏观概况

一、公共物品供给总量规模

对于公共物品总体供给水平的衡量,很多研究文献都是以在公共物品上的财政支出规模作为主要指标数据,从前面的分析中,我们已经知道我国地方政府承担了供给地方公共物品和服务的主要职责,因此地方政府财政支出的规模能够比较全面地反映地方公共物品和服务的总体水平如何,虽然用财政支出衡量公共物品和服务的水平可能并不能完全概括出其真实的状况如何,但是也很难找到更好的替代指标用来反映公共物品和服务总体供给的水平。

图 4-4 给出了 1980 年到 2012 年之间我国中央和地方财政支出绝对量的变化情况,用来反映我国自 1980 年财政包干体制开始即我国财政分权改革以来,中央和地方在公共物品供给总体水平上的变化情况。从图中可以清楚地看到,我国财政支出绝对量的总体规模呈现出不断增加的趋势,中央

---

① 万广华,陆铭,陈钊. 全球化与地区间收入差距:来自中国的证据[J]. 中国社会科学,2005,3:17-26.

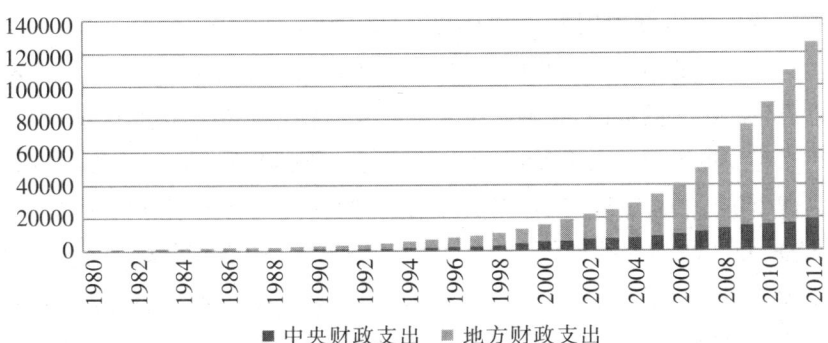

图 4-4　1980—2012 年中央财政支出和地方财政支出变化情况(单位:亿元)

数据来源:由《中国统计年鉴》数据整理得到。

财政支出主要承担全国性公共物品的供给责任,地方财政支出主要承担地方公共物品的供给职责,从图中可以看到不管是中央财政还是地方财政的支出规模都呈现出不断上升的总体趋势。具体来看,财政包干制改革初期的 1980 年,我国财政支出总额为 1228.83 亿元,其中中央财政支出 666.81 亿元,地方财政支出 562.02 亿元,到 1985 年,国家财政支出总额为 2004.25 亿元,地方财政支出 1209 亿元,比 1980 年的支出额翻了一倍。1994 年分税制财政改革之后,我国地方财政支出的增长速度较之前更快,1994 年我国地方财政支出总额是 4038.19 亿元,到 2012 年达到 107188.34 亿元,是 1994 年的大约 26 倍,和 1980 年相比增加了大约 190 倍,可见,地方财政支出的增长幅度是非常大的,这也说明我国地方政府自分税制改革以来承担了比较人的地方公共物品供给的职责。

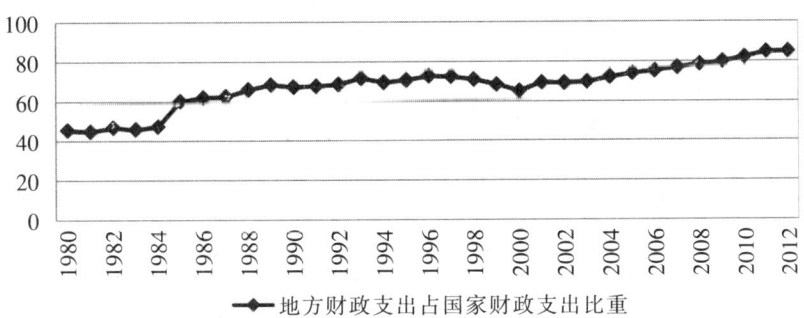

图 4-5　1980—2012 年地方财政支出占国家财政支出比重(单位:%)

数据来源:同上。

另外,图 4-5 给出了自 1980 年到 2012 年之间我国地方财政支出占国家财政支出比重的变化情况,从整体上来看,这一比重呈现上升趋势,1980 年地方财政支出占国家财政支出比重是 45.7%,到 2012 年这一比重为 85.1%,这一数据的增加进一步地说明,自改革开放以来,随着我国经济的增长和人们生活水平的提高,我国居民家庭对公共物品需求的不断增加,地方政府越来越多地担负起公共物品提供的职能。具体来看,这一变化大致可以分为四个阶段,从 1979 年到 1984 年,地方财政支出占国家财政支出比重不到 50%,这一时期的平均值为 46.7%,1985 年至 1992 年,这一比重大致在 60% 到 70% 之间,平均值为 65.44%,从 1993 年开始,地方占国家财政支出的比重上升到大约 70% 左右,1999 年到 2002 年略有下降,之后从 2003 年的 69.9% 一直上升到 2012 年的 85.1%。通过对地方占国家财政支出比重变化的情况来看,可以得出,1994 年我国分税制财政体制改革以来我国地方政府供给公共物品和服务的职责和范围不断扩大。

从前面我国财政支出的统计数据分析可以看出,地方财政支出的规模不断扩大并且占整个国家财政支出的比重也呈现上升趋势,从整个支出来看,我国地方政府承担着较大的公共物品和服务的职能,有数据研究表明,我国地方政府提供了约 70% 以上的公共物品的供给,尤其是地级地方政府和县级地方政府提供公共物品的供给超过 50%,省级和省级以下的地方政府承担着大量基础设施建设、教育、失业救济、养老保险、支援农村等主要支出责任,大量支出责任给地方的预算内资金带来很大的压力和不足,同时也会影响到地方政府在公共物品供给的数量和质量上大打折扣。

表 4-2   2001—2010 年地方财政预算外支出资金情况

年份	财政预算外支出			地方财政预算外支出增长率(%)	地方预算外支出占地方支出比重(%)
	全国(亿元)	地方(亿元)	地方占全国预算外支出比重(%)		
2001	3850	3591.87	93.3	8.24	27.35
2002	3831	3572	93.24	-0.55	23.37
2003	4156.36	3827.04	92.08	7.14	22.21
2004	4351.73	3962.23	91.05	3.53	19.24
2005	5242.48	4784.14	91.26	20.74	19.02
2006	5866.95	5489.23	93.56	14.74	18.04

年份	财政预算外支出			地方财政预算外支出增长率(%)	地方预算外支出占地方支出比重(%)
	全国(亿元)	地方(亿元)	地方占全国预算外支出比重(%)		
2007	6112.42	5659.08	92.58	3.09	14.76
2008	6346.36	5944.23	93.66	5.04	12.07
2009	6228.29	5769.09	92.63	-2.95	9.45
2010	5754.69	5368.32	93.29	-6.95	7.27
年均			92.67	5.21	17.28

数据来源:由《中国统计年鉴2013》资料计算得到。

因此,地方政府除了财政预算内资金以外,大量的预算外资金也承担了地方公共物品供给的支出责任,从表4-2的有关数据可以看出,我国地方政府预算外支出也颇具规模,具体来看,2001年,我国地方财政预算外支出为3591.87亿元,2010年是5368.32亿元,占国家预算外支出的比重分别是93.3%和93.29%,绝对量规模有所增加,占比基本保持不变,年均值为92.67%,可以说地方预算资金是地方政府资金构成的主要部分,由于预算外资金较预算内资金较难管理且支出缺乏监督,这势必会影响其使用效率,也很难形成相应的公共物品供给的实现,结果造成低效率供给。因此,自2011年开始,我国政府的预算外资金纳入预算内管理,使得这部分资金真正能够发挥地方政府供给地方公共物品的高效和便捷。

从表4-2的具体数据可以看出,我国财政预算外支出的90%以上集中在地方政府,另外,从2001年至2010年,我国地方预算外支出增长率的变化差异性较大,有的年份出现负增长,而有的年份增长率达到20.74%,这期间的年均增长率为5.21%,2002年中央对预算外资金加强了管理,使得预算外资金的增幅有所下降,但2005年和2006年增幅又有较大提高。再从预算外支出占地方财政支出的比重来看,从2001年到2010年,这一比重出现了连续下降的趋势,这和2002年我国对预算外资金管理的加强有关,2000年之前,我国地方预算外支出占地方财政支出的比重维持在1/3比例以上,财政支出过分依赖预算外资金,地方公共物品的供给对预算外资金的依赖性也很大,2002年之后,对预算外资金的管理更加合理化和规范化,2011年之后,我国预算外资金已经纳入预算内管理。

二、公共物品供给结构分析

基本公共服务均等化在党的十七大报告中明确提出,并且以公共财政体系的不断完善作为其主要载体,自从该目标提出之后,公共服务均等化已经成为我国众多学者关注的话题,围绕着什么是公共服务均等化以及如何推进公共服务均等化进程的实现等,许多学者给出了不同的理解和很多有意义的建议。

关于公共服务的概念,在我国还没有给出严格的界定,因此,公共服务和公共物品的概念在目前还是通用的,温家宝总理于 2004 年 2 月在省部级领导干部研究班结业式的讲话中就曾提出过公共服务的概念,温总理指出,公共服务即是提供公共物品和服务,其中包括城乡公共设施建设、社会就业、社会保障和教育、文化、科技、卫生等。概括一下,我国公共服务包括了公共物品和服务的内涵,可以认为同时包括了经济类和非经济类的公共物品和服务的统称,其中经济类主要包括的有:道路、交通、电力、电信、自来水、下水道、路灯、垃圾收集与处理、管道煤气、机场、车站、港口、能源、通信等基础设施建设方面;非经济类公共物品包括:文化教育、卫生保健、社会保障、公共安全等方面,即社会服务方面的公共物品。很多学者从不同的角度理解公共物品和服务的内涵,2008 年 11 月联合国开发计划署公布《中国人类发展报告 2007》,其中建议中国推进公共服务体制改革,建立均等化公共服务体系,让 13 亿人获得医疗、教育、基本社会保障、公共就业服务的公平权利和保障。因此,本书综合上述内容,按照公共物品和服务两大类的内容,即经济类和非经济类公共物品和服务的具体情况考察我国公共物品和服务供给水平的基本情况,具体包括基础设施、基础教育、医疗卫生、社会保障和就业服务五个方面的主要内容。

(一)基础设施建设

在这里我们主要用四个指标来表示我国基础设施公共物品的供给水平,它们是:城市用水普及率、城市燃气普及率、人均城市道路面积、人均公共绿地面积,这些指标用来反映我国城市基础设施公共物品的供给情况如何。

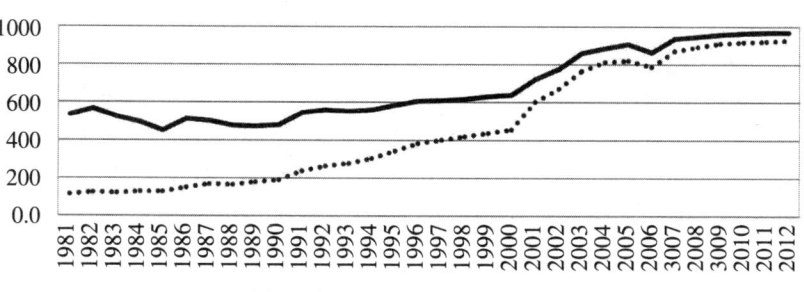

图4-6 1981—2012年间我国城市用水普及率和城市燃气普及率(单位:%)
数据资料:由《中国统计年鉴》计算得到。

图4-6为我国自财政包干体制改革以来的1981年至2012年城市用水普及率和城市燃气普及率的总体变化情况,图中的数据来自中经网数据库。从图中我们可以看出,自1981年以来至今,我国城市用水普及率和城市燃气普及率整体上呈现出不断上升的趋势,且城市用水普及率自1981年至2012年之间的年平均水平为67.9%,城市燃气普及率的年平均水平为46.6%。财政分权体制改革初期的1981年,我国城市用水普及率仅为53.7%,这说明当时在城市的人们至少有一半的人是无法直接用到自来水,城市燃气普及率仅为11.6%,这一数据说明我国当时城市燃气的覆盖率更是不能满足将近90%的人们生活使用燃气,这两个指标的数据充分说明在1981年我国城市基础设施的建设还很不完善,人们能够享受到的公共物品供给很有限。

改革开放以来,我国经济得到快速发展,城市基础设施不断完善,这一变化从图中两条趋势线就可以明显看出,特别是2000年以来,我国城市用水普及率和城市燃气普及率的增长速度更快,2001年这两个指标分别达到了72.3%和60.4%,都超过了年平均水平,2012年城市用水普及率和燃气普及率分别是97.2%和93.2%,都达到历史最高水平,这一水平和之前的1981年相比,我国在城市基础设施建设方面得到了大幅度的提高,人们在生活中也更多地能感受到方便快捷。

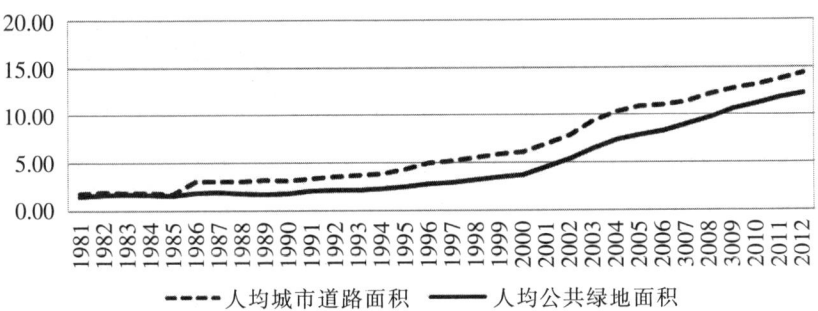

图 4-7　1981—2012 年间我国人均城市道路面积和人均公共绿地面积（单位：平方米）

数据资料：同上。

图 4-7 给出了我国在 1981 年至 2012 年期间城市基础设施中人均城市道路面积和人均公共绿地面积的变化趋势，图中所用到的数据来自中经网数据库。从图中的趋势线来看，这两个数据指标的变化整体上呈现出上升的趋势，说明自从改革开放以来，我国城市建设中的绿地面积和道路面积都有了较大的提高。具体来看，在财政分权式改革初期的 1981 年，我国城市人均道路面积仅为 1.81 平方米，人均公共绿地面积为 1.5 平方米，这远远不能满足人们的需求，这两个数据指标在这期间的年平均值分别为 6.43 平方米和 4.65 平方米。从城市人均道路面积的变化来看，从 1981 年至 2000 年这段时期的指标值都低于年均值的水平，从 2001 年之后则高于平均水平，到 2012 年，这一数值达到最大值为 14.39 平方米。城市人均公共绿地面积的情况类似，自 1981 年至 2001 年之间的指标值都低于年平均水平，从 2002 年之后则高于平均水平，到 2012 年达到最大值为 12.26，和 1981 年的水平相比，我国城市人均道路面积和公共绿地面积都有了较大幅度的提高，作为城市发展过程中的基础配套设施建设，为人们提供休闲的公共场所和公共物品的满足是经济发展过程中的一项重要内容，这方面的建设还是主要依靠地方政府通过其财政职能来实现和不断提高其供给水平和效率。

（二）基础教育水平

在这里，我们主要通过如下几个指标来表示我国在基础教育方面公共物品的供给水平如何，具体包括有：成人文盲率；学龄儿童入学率和普通小学、初中升学率；普通小学、初中专任教师与在校学生比；城乡普通小学和初中教育经费占国家财政支出比重的有关情况。

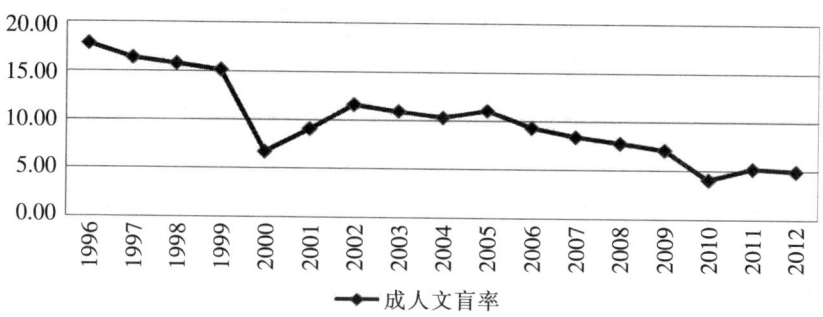

图 4-8　1996—2012 年间我国成人文盲率(单位:%)

注:成人文盲率指的是文盲人口占 15 岁及以上人口的比重,其中文盲人口在这里指的是 15 岁及 15 岁以上不识字和识字很少的人口。

数据资料:由《中国人口统计年鉴》《中国人口和就业统计年鉴》得到。

图 4-8 给出的是我国自 1996 年到 2012 年之间成人文盲率的有关情况,成人文盲率的变化趋势能够部分反映出我国基础教育的实施水平如何,从图中可以看出,在这十几年的变化过程中,我国成人文盲率的水平整体上呈现出下降的趋势,从 1996 年的 17.82% 一直下降到 2012 年的 4.96%,可以说我国基础教育的实施水平和覆盖面得到了较大幅度的提高,文盲率的下降有助于提高社会人口的整体素质和质量,有利于社会的和谐和科技的进步,是教育实施的基本要求,也是国民经济健康发展过程中的重要方面。

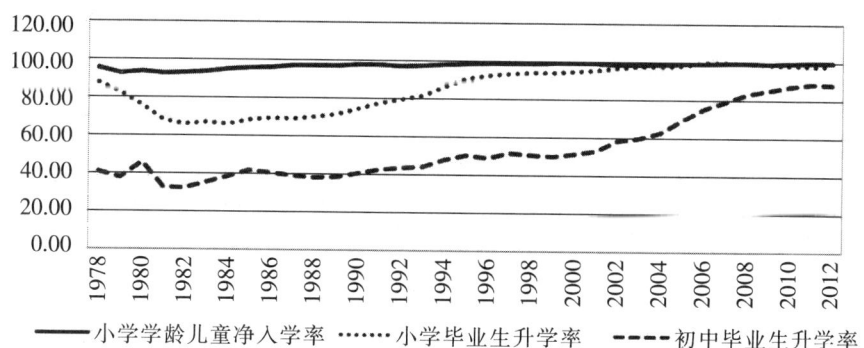

图 4-9　1978—2012 年我国学龄儿童入学率和小学、初中升学率(单位:%)

注:1991 年以前入学率按 7~11 周岁统一计算,从 1991 年起入学率按照各地不同的入学年龄和学制分别计算。

资料来源:《中国教育统计年鉴》计算得到。

图 4-9 表示的是我国自 1978 年到 2012 年之间小学学龄儿童净入学率、小学毕业生升学率和初中毕业生升学率的基本情况,从图中相应数据的整

个变化趋势我们能够看出,长期以来我国在基础教育的发展方面卓有成效,学龄儿童入学率长期以来一直保持较高的水平,年均值为97.6%,最低值是1979年的93.0%,最大值是在2012年达到了99.9%,几乎接近于100%,保证每一个孩子都有学上,也是我们国家推行免费义务教育的主要任务。小学毕业生升学率在1978年的水平是87.7%,并且自1978年至1984年期间这一水平还有所下降,之后自1985年开始则一直呈现出上升的趋势,到2012年达到98.3%,在2006年达到100%的最高水平,这一数据的年均值为85.9%,1993年之前的数据显示都低于这一均值水平,1994年之后的数值则高于这一均值水平,从以上分析来看我国截止到目前还没有完全实现小学毕业升学率100%的目标,这说明还有一部分的儿童没有能够进入到初中阶段的学习,没能完成九年义务教育的学习。

再来看初中毕业生升学率的情况如何,从上图可以看到,初中毕业生的升学率一直是低于小学毕业生的升学率,虽然自1978年以来到2012年之间也有了一定程度的提高,但是水平相应较低,还没有达到90%的水平,年均值也只有53.5%,从具体数据来看,2002年之前都低于这一均值水平,2002年之后才高于均值水平。从以上数据分析可知,我国九年义务教育的广泛扩大,相应提高了学龄儿童净入学率、小学毕业生的升学率,但是还没有实现100%的奋斗目标,我国人口众多,即使0.1%的失学儿童的存在,也是数目不小的人数,因此,能够享受到公平的教育机会以及教育进一步普及和质量的提高仍然需要努力。

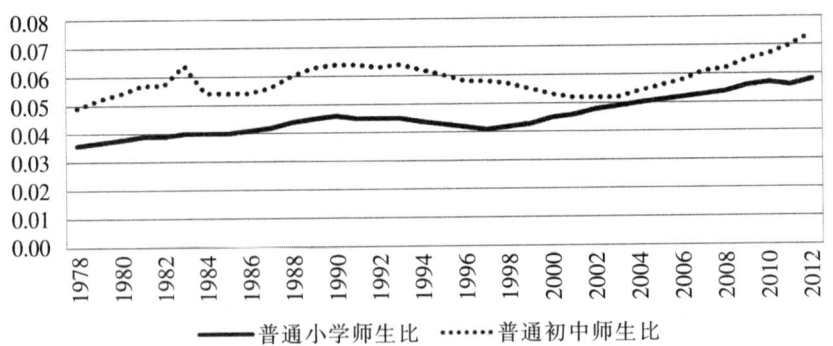

图4-10 1978—2012年我国普通小学和普通初中师生比(学生人数＝1)

注:普通小学师生比为普通小学专任教师人数与在校学生人数之比;普通初中师生比为普通初中专任教师人数与在校学生人数之比。

数据资料:同上。

我们再来看一下九年义务教育中关于师生比的情况,图 4-10 表示的是自 1978 年到 2012 年之间我国普通小学和初中专任教师与在校学生人数比的变化,整体上这一变化呈现出上升趋势,有些年份这一比重是下降的,普通初中师生比整体上高于小学师生比。普通小学师生比从 1978 年的 1∶28 上升到 2012 年的 1∶17.4,普通初中师生比从 1978 年的 1∶20.5 上升至 2012 年的 1∶13.6,小学师生比在 1997 年以后上升幅度较快,初中师生比在 2002 年之后有了较大幅度的提高。这种变化充分说明随着我国九年义务教育的全面普及,师资配备方面有了较大的改善,从而小学师生比和初中师生比都有了一定幅度的提高。

表 4-3 1996—2011 年我国城乡教育经费支出与国家财政支出比重(单位:%)

年份	普通小学财政教育经费占国家财政支出比重	农村普通小学财政教育经费占国家财政支出比重	普通初中财政教育经费占国家财政支出比重	农村普通初中财政教育经费占国家财政支出比重
1996	7.24	4.38	4.78	2.33
1997	6.91	4.16	4.51	2.22
1998	6.48	3.82	3.48	1.89
1999	5.84	3.45	3.13	1.67
2000	5.34	3.13	2.89	1.49
2001	5.41	3.23	2.95	1.54
2002	5.28	3.22	2.92	1.55
2003	5.14	3.11	2.91	1.53
2004	5.17	3.25	3.29	1.64
2005	4.92	3.18	3.2	1.69
2006	4.92	3.17	3.19	1.72
2007	5.37	3.63	3.49	2.07
2008	5.27	3.55	3.6	2.17
2009	5.21	3.46	3.57	2.14
2010	5.17	3.38	3.51	2.05
2011	5.27	3.41	3.57	2.04
年均	5.56	3.47	3.44	1.86

注:表格中涉及到的原始数据统一换算为以万元为单位后计算得到的百分比数值。

　　表4-3给出的是1996年至2011年我国城乡普通小学和普通初中国家财政性教育经费与国家财政支出的比值,通过这一比值我们能够比较清楚地了解我国各类基础教育的经费支出在财政支出中的比重如何,从表中数据可以看出我国普通小学(城乡)和普通初中(城乡)财政性教育经费支出占财政支出的比重变化幅度不是很大,年均值水平分别为5.56%和3.44%,农村普通小学和普通初中的教育经费支出占国家财政支出的比重更低,年平均为3.47%和1.86%,农村普通小学经费占财政支出的比重变化幅度很小,农村初中教育经费占比自2007年以后超过年平均水平,上升至2%以上,有一定幅度的提高,但是农村初级中学教育经费支出的比重是最低的。从表中数据我们可以看出,九年义务教育城乡之间的教育经费支出还是有一定的差距,教育公平的目标还未实现,另外我国基础教育经费支出的比重自1996年以来变化不大,国家财政对基础教育支付的力度还不够,因此,我国义务教育阶段的目标还未实现,学龄儿童净入学率还没有达到100%的目标,这必然导致基础教育水平的不足和基础教育公共物品的缺失。

　　(三)医疗卫生水平

　　我国医疗卫生公共物品供给的基本情况在这里主要通过如下几个指标来表示:医疗卫生机构数、卫生人员数、医疗卫生机构床位、每千人口执业医师和每千人口医院卫生院床位、每千人口卫生技术人员、城乡医疗卫生基本情况对比,医疗卫生费用。

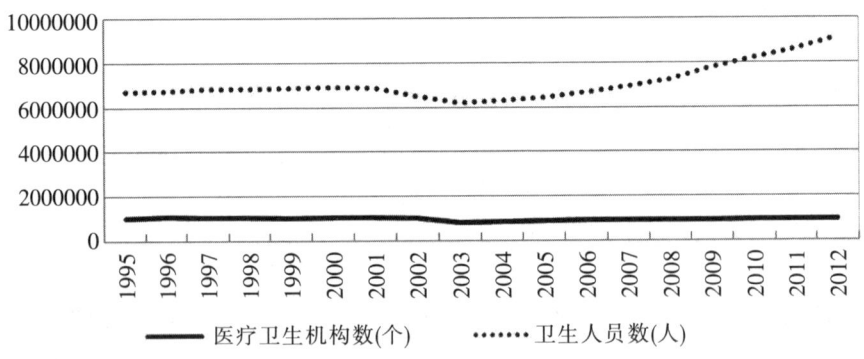

图4-11　我国1995—2012年医疗卫生机构数和卫生人员数
资料来源:由《中国卫生统计年鉴》数据计算得到。

图 4-11 是我国医疗卫生服务基本数据指标中的医疗卫生机构数和卫生人员数,涉及到的是从 1995 年到 2012 年之间的数据指标值,从图中可以看出,我国自 1995 年以来医疗卫生机构数大体上保持平稳水平,1995 年我国医疗卫生机构数是 994409 个,到 2012 年是 950297 个,规模基本上变化不大。我们再来看一下同一时期我国医疗卫生人员数的情况,图中的趋势线整体上是上升的,说明我国自 1995 年到 2012 年,卫生人员数是增加的,1995 年的人数是 6704395,到 2012 年增加至 9115705 人,有了较大程度的提高,从整个变化上来看,从 1995 年到 2000 年,我国卫生人员数基本保持不变,从 2001 年到 2006 年的人数有所下降,自 2007 年以来又有了较大幅度的增加。

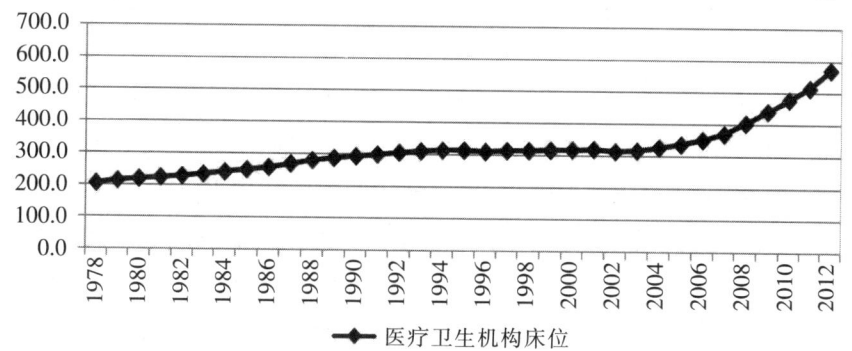

图 4-12　我国 1978—2012 年医疗卫生机构床位数(单位:万张)

资料来源:同上。

图 4-12 是我国自 1978 年以来到 2012 年之间医疗卫生机构床位数的变化情况,从图中可以清楚地看到,我国医疗卫生机构的床位数有了很大程度的提高,特别是 2003 年以后,增加的幅度较快,年增长率最快的是 2011 年到 2012 年,增长率达到 10.95% ,1978 年到 2012 年的年平均增长率为 3.12% ,增长率在有些年份为负值,如 1996 年的 -1.31% 和 2002 年的 -2.03% ,其余年份都是正值,1978 年至 2003 年之间医疗卫生机构床位数增长较为平稳。从具体数值来看,我国医疗卫生机构床位数在 1978 年是 204.2 万张,到 2002 年达到 313.6 万张,之后到了 2012 年达到 572.5 万张。

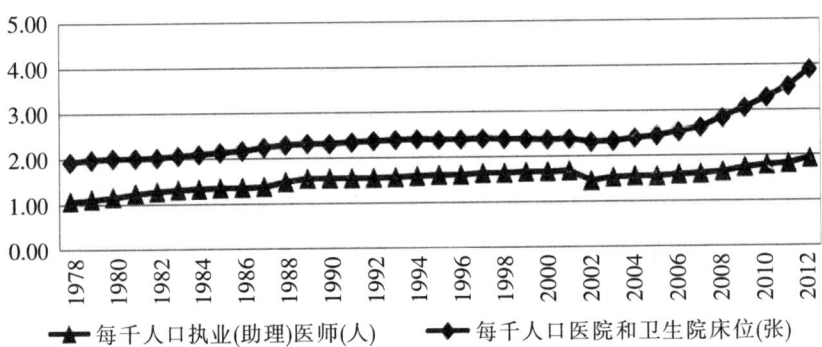

图4-13　我国1978—2012年每千人口医师数和每千人口医院和卫生院床位数

注:人口数是采用年末常住人口。

资料来源:同上。

　　图4-13给出了我国自1978年以来到2012年间每千人口的医师数和每千人口的医院和卫生院床位数的情况,从图中可以看出,每千人口医师数涨幅不大,基本保持较平稳的增长水平,每千人口医院和卫生院床位数1978年到2002年增长较为缓慢,2002年以后的增长速度比较快。1978年每千人口医师数为1.08人,到2012年增加至1.94人,从图中整体变化来看,自1978年到2001年这一时期,每千人口医师数处于缓慢上升的过程,到2001年达到1.69,之后一直到2008年,该指标都低于2001年的数值,2009年超过1.69这一数值,之后略有上升。每千人口医院和卫生院床位数在1978年是1.94张,到2012年床位数达到3.9张,有了一定的增加,从整个变化情况来看,从1978年到2002年,这一数值变化的幅度较小,2002年每千人口的医院和卫生院的床位数达到2.32张,2002年以后上升较快。

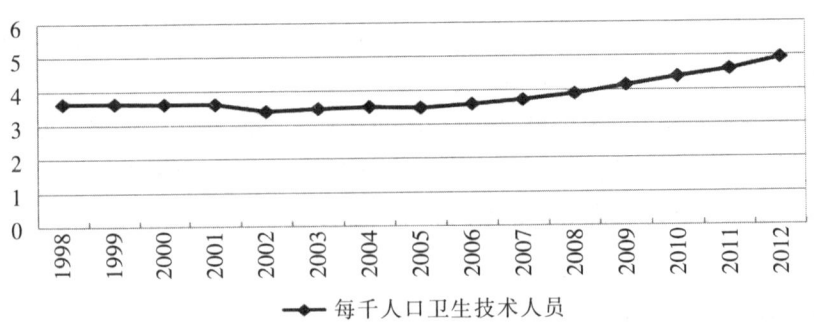

图4-14　我国1998—2012年每千人口卫生技术人员(单位:人)

注:人口数是采用年末常住人口。

资料来源:同上。

图 4-14 是我国 1998 年至 2012 年期间每千人口卫生技术人员数的有关情况,从图中数据变化趋势来看,1998 年至 2005 年之间变化趋势不明显,2006 年至 2012 年有一定幅度上升。而整个期间每千人口卫生技术人员的年均值水平是 3.85 人,最小值出现在 2002 年,为 3.41,其余各年的均值水平的差别不是很大。1998 年该数据值为 3.64 人,到 2012 年达到最大值为 4.94 人。这说明我国医疗卫生基础人员配置的比例有了一定程度的改善和提高。

表 4-4　我国 2007—2012 年城乡医疗卫生基本情况

年份	每千人口医疗卫生机构床位(张)		每千人口执业(助理)医师(人)		每千人口卫生技术人员(人)		人均卫生费用(元)		每千农业人口乡镇卫生院(个)
	城市	农村	城市	农村	城市	农村	城市	农村	
2007	4.90	2.00	2.61	1.23	6.44	2.69	1516.29	358.11	0.85
2008	5.17	2.20	2.68	1.26	6.68	2.8	1861.76	455.19	0.96
2009	5.54	2.41	2.83	1.31	7.15	2.94	2176.63	561.99	1.05
2010	5.94	2.60	2.97	1.32	7.62	3.04	2315.48	666.30	1.12
2011	6.24	2.80	2.62	1.1	6.68	2.66	2697.48	879.44	1.16
2012	6.88	3.11	3.19	1.4	8.55	3.41	2969.01	1055.89	1.24
年均	5.78	2.52	2.82	1.27	7.19	2.92	2256.11	662.82	1.06

注:城市、农村人口数均是以户籍人口为分母计算得出。

资料来源:同上。

表 4-4 给出了 2007 年至 2012 年期间我国城乡医疗卫生的基本情况,从整个数据指标来看,每千人口医疗卫生机构床位数、医师数和卫生技术人员数的水平,城市均高于农村,这充分说明城市的基础医疗卫生设施水平要远远高于农村的基础医疗卫生设施水平,城市和农村之间还有很大的差距。城市和农村医疗卫生机构床位数的年均值分别为 5.78 张和 2.52 张,城市这一指标是农村的两倍以上,执业(助理)医师的年均值城市和农村分别是 2.82 人和 1.27 人,城市这一水平也是农村的两倍多,每千人口卫生技术人员城乡水平分别为 7.19 人和 2.92 人,城乡之间的这一差距更大,每千农业人口乡镇卫生院的年均值仅为 1.06 个,人均卫生费用城市均高于农村,城市人

均卫生费用的年均值是 2256.11 元,农村人均卫生费用年均值是 662.82 元,
城市是农村的 3.4 倍,这充分说明了城乡之间在医疗卫生费用支出上还有很
大的差距。

图 4-15 给出的是 1978 年到 2012 年之间我国政府卫生支出占卫生总费
用的比重,从图中变化趋势线可以看到政府在卫生支出上的比重先下降后
上升,1978 年这一比重为 32.16%,2012 年为 30.04%,2000 年最小值是 15.
47%。1978 年我国卫生总费用是 110.21 亿元,其中政府卫生支出是 35.44
亿元,其余费用是由社会和居民个人支付的,2000 年我国卫生总费用是
4586.63 亿元,政府预算支出 709.52 亿元,其余的 3877.11 亿元由社会和居
民支付,这一数值占卫生总费用的比重是 84.53%,这说明我国医疗卫生费
用支出较大比例是由社会和个人承担。

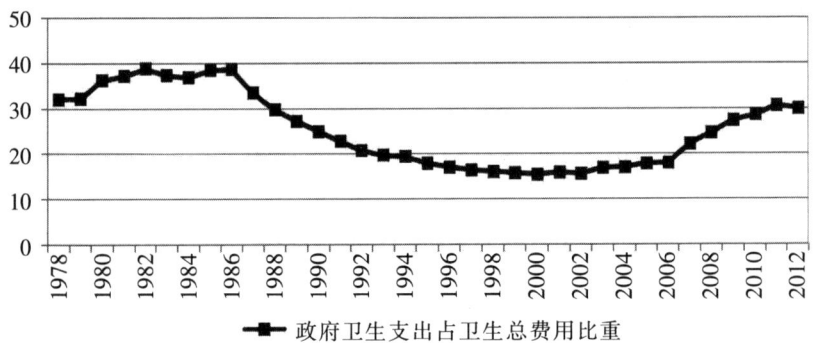

图 4-15 我国 1978—2012 年政府卫生支出占卫生总费用比重(单位:%)

资料来源:同上。

(四)社会保障情况

我国社会保障公共物品的供给情况主要通过以下几个指标来综合反
映,主要包括有:参加城镇职工基本养老保险和医疗保险的人数以及新农合
医疗的基本情况;失业、工伤以及生育保险的参保人数;社会保险基金收入
和支出的情况。

图 4-16 是我国社会保险中的城镇职工基本养老保险和城镇职工基本医
疗保险自 1994 年到 2012 年的参保人数的概况,从图中可以看到,我国城镇
职工对于这两项保险的参保人数是逐年增加的,在 1994 年,参加基本养老保
险的城镇职工人数是 10573.5 万人,到 2012 年达到 30426.8 万人,增加了将
近 28 倍,从 1994 年到 1998 年这一增加的幅度较小,1999 年到 2005 年之间

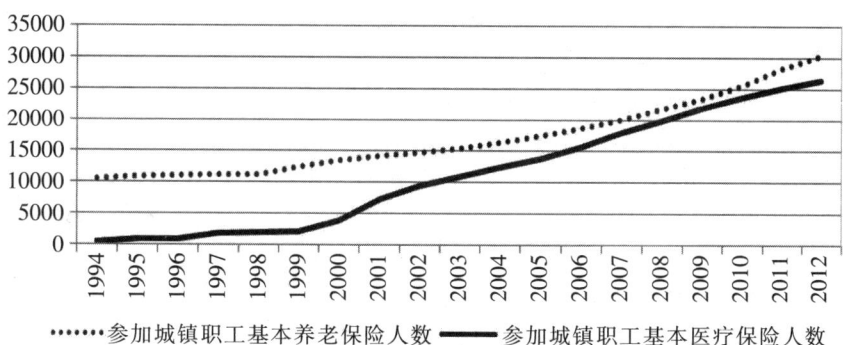

·········参加城镇职工基本养老保险人数　——参加城镇职工基本医疗保险人数

图 4-16　1994—2012 年参加城镇职工基本养老保险和医疗保险人数(单位:万人)
资料来源:根据《中国统计年鉴 2013》数据得到。

参保人数增加的幅度较之前有所上升,2006 年之后增加得最快。1994 年我国城镇职工参加基本医疗保险的人数是 400.3 万人,到 2012 年增加至 26485.5 万人,增加了 65 倍,这一增加的幅度远远超过参加城镇基本养老保险的增加幅度。从图中的变化趋势线很明显看出,1994 年到 1999 年之间参加基本医疗保险的人数较为平稳地增长,到了 2000 年之后,增加的幅度大规模上升,几乎接近于参加养老保险的人数。但是总的来看,城镇职工中参加基本养老保险规模整体上大于医疗保险的参加人数。

表 4-5　我国 2008—2012 年新型农村合作医疗的基本情况

年份	新农合开展的县(市、区)数(个)	新农合参保人数(亿)	参合率(%)	人均筹资(元)	当年基金支出(亿元)	补偿受益人次(亿)
2008	2729	8.15	91.5	96.3	662.3	5.85
2009	2716	8.33	94.2	113.4	922.9	7.59
2010	2678	8.36	96.0	156.6	1187.8	10.87
2011	2637	8.32	97.5	246.2	1710.2	13.15
2012	2566	8.05	98.3	308.5	2408.0	17.45

资料来源:《中国卫生统计年鉴 2013》。

表 4-5 是我国近几年新型农村合作医疗保险的情况,新农合医疗是从 2004 年开始逐渐在我国农村广大地区开始推行的医疗保障,2004 年我国开展新农合的县(区、市)数仅为 333 个,参加人数仅为 0.8 亿人,参合率也仅为 75.2%,从表中数据我们可以看出近几年我国参加新农合的范围已经扩

大,从 2008 年到 2012 年期间参保情况基本比较稳定,参合率从 2008 年开始已经上升至 90% 以上,到 2012 年达到 98.3%,和 2004 年相比有了很大的提高。

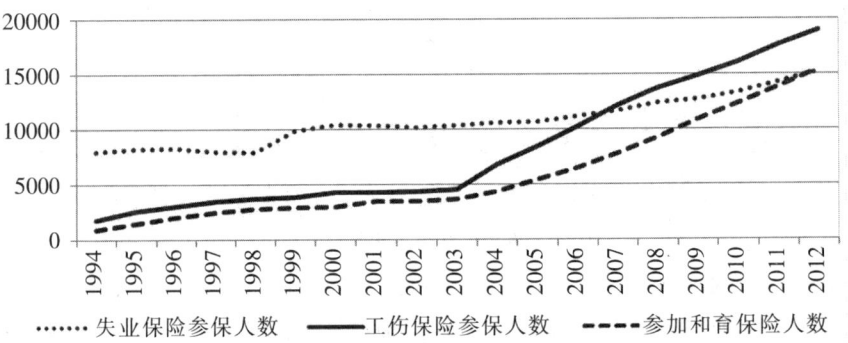

图 4-17　1994—2012 年参加失业保险、工伤保险以及生育保险人数(单位:万人)
资料来源:由《中国统计年鉴 2013》数据得到。

　　图 4-17 是我国社会保险自 1994 年到 2012 年之间失业保险、工伤保险和生育保险参保人数的变化情况,从整体上来看,参加社会保险的人数在逐年增加,其中工伤保险的参保人数变化最快,在 2007 年以后超过失业保险的参保人数。参加失业保险的人数在 1994 年到 1998 年之间较为平稳,1994 年末参保人数是 7967.8 万人,1998 年是 7927.9 万人,从 1999 年到 2005 年间上升又下降,2006 年之后有所上升,到 2012 年增加至 15224.7 万人,是 1994 年的大约两倍。参加工伤保险人数从 1994 年到 2003 之间上升幅度较小,1994 年参保人数仅为 1822.1 万人,2003 年达到 3655.4 万人,在 2003 年以后上升速度较快,2012 年达到 19010.1 万人,比 1994 年参保人数增加了约 10 倍。生育保险的参保人数从 1994 年的 915.9 万人,增加至 2003 年的 3655.4 万人,之后增加较快,到 2012 年达到 15428.7 万人,这一水平是 1994 年的约 17 倍,这说明我国社会保障的普及范围越来越广泛,有了很大程度的提高。在参加社会保险人数逐年增加的情况下,社会保险基金收入和支出也在不断地增加其数额,表 4-6 是我国 2007 年至 2012 年基金收入和支出的具体数字,从表格中数字可以看出,到 2012 年我国基金收入和支出的数额都有了明显提高,2007 年社会保险基金收入和支出总额分别为 10812.3 亿元和 7887.8 亿元,到 2012 年分别是 28909.5 亿元和 22181.6 亿元,增加的幅度很显著。这说明我国社会保障在较短的时间发生了较大的改善,有更多的居民可以享受到社会保障的福利,但是我国社会保障事业发展的时间较

短,各项措施还不完善,覆盖面还没有完全覆盖广大农村地区,还需要更多的时间和精力进一步地提高其覆盖范围和福利水平,是一项长期的事业。

表4-6 2007—2012 年社会保险基金收入和支出情况(单位:亿元)

年份	社会保险基金收入					社会保险基金支出				
	城镇职工基本养老保险	城镇基本医疗保险	失业保险	工伤保险	生育保险	城镇职工基本养老保险	城镇基本医疗保险	失业保险	工伤保险	生育保险
2007	7834.2	471.7	2257.2	165.6	83.6	5964.9	1561.8	217.7	87.9	55.6
2008	9740.2	585.1	3040.4	216.7	113.7	7389.6	2083.6	253.5	126.9	71.5
2009	11490.8	580.4	3671.9	240.1	132.4	8894.4	2797.4	366.8	155.7	88.3
2010	13419.5	649.8	4308.9	284.9	159.6	10554.9	3538.1	423.3	192.4	109.9
2011	16894.7	923.1	5539.2	466.4	219.8	12764.9	4431.4	432.8	286.4	139.2
2012	20001	1138.9	6938.7	526.7	304.2	15561.8	5543.6	450.6	406.3	219.3

资料来源:《中国统计摘要 2013》。

(五)就业服务情况

我国就业服务的基本情况由以下几个指标来表示:城乡就业人员数、城镇登记失业人数以及城镇登记失业率。

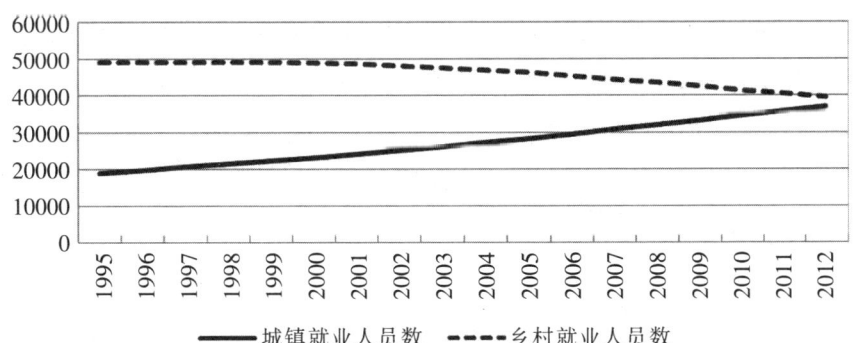

图 4-18 我国 1995—2012 年城镇和乡村就业人员数(单位:万人)

资料来源:根据各年《中国统计年鉴》得到。

图 4-18 是我国自 1995 年到 2012 年之间城镇和乡村就业人数的统计情况,从图中的变化趋势线可以看到,我国城镇就业人数是呈现不断上升的趋

势,从 1995 年的 19040 万人,一直增加至 2012 年的 37102 万人,就业人数增加了 18062 万人。乡村就业人数则呈现出不断下降的趋势,从 1995 年的 49025 万人,减少至 2012 年的 39602 万人,可能是一部分乡村就业人员进入到城镇就业,使得这部分人员数反而下降。

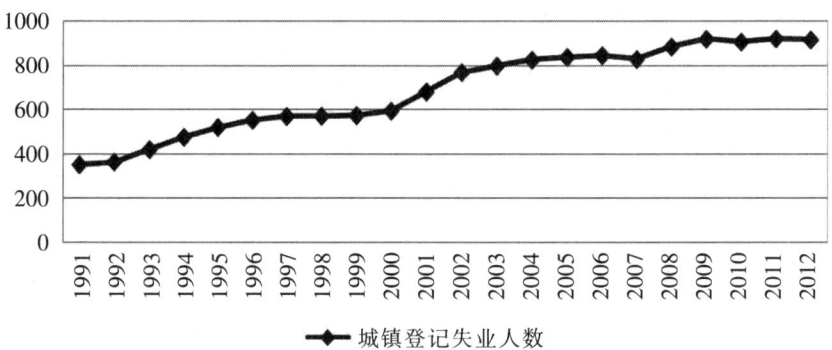

■—— 城镇登记失业人数

图 4-19 我国 1991—2012 年城镇登记失业人员数(单位:万人)

资料来源:同上。

图 4-19 给出了我国从 1991 年到 2012 年之间城镇登记失业人员数的有关情况,从图来看,除了有些年份这一数字有所下降外,整体上我国城镇登记失业人员数是上升的,如 2006 年城镇登记失业人员数为 847 万人,2007 年则下降至 830 万人,2009 年登记失业人员数是 921 万人,到 2010 年减少至 908 万人,其他年份均处于上升的趋势,2012 年城镇登记失业人数达到 917 万人,是自 1991 年以来这一数据的最大值,与 1991 年的 352 万人的数字相比,我国城镇失业人数增加了约 1.6 倍,这说明在我国城镇就业人数增加的同时,失业人数也在增加。

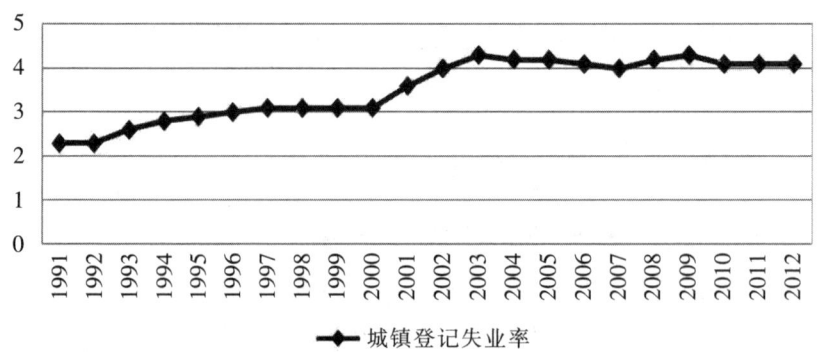

■—— 城镇登记失业率

图 4-20 我国 1991—2012 年城镇登记失业率(单位:%)

资料来源:同上。

图 4-20 表示的是我国从 1991 年至 2012 年之间城镇登记失业率的情况,这一变化的大致情况可以分为三个阶段来看,第一个阶段是 1991 年到 1995 年,这一时期的失业率在 2% ~ 3% 之间,第二个阶段是 1996 年到 2001 年,失业率在 3% ~ 4% 之间,第三个阶段是 2002 年到 2012 年,城镇登记失业率在 4% 以上,整体上我国城镇登记失业率的变化保持较为平稳,但是呈现出逐渐上升的趋势。

第五章　财政分权体制下政府激励对公共物品供给影响实证分析

第一节　财政分权对我国公共物品供给影响机理分析

一、地方政府对公共物品供给的职能作用

在公共财政理论中,政府是国家的职能部门和行为的整体,其主要的职能就是维护国家的整体利益。在实行中央集权的国家,中央政府掌握和统揽所有事物的支配权利,在实行分权体制的国家,中央和地方政府根据各自的职责范围相应地进行财权和事权的划分,各尽其责,此时的地方政府可以拥有一定的财权从而实现其职责范围,处理该地区的各项事务。然而,从微观的角度来讲,对地方政府的研究不再仅仅是把其看作一个整体,而是更加注重对微观个体也就是地方政府官员自身行为的分析,因为从微观经济学的基本假设来看,每一个地方政府官员都是理性的经济行为人,同时地方政府政策的制定和实施是由官员来做出决策的,这样的话,地方政府会根据地方财政收入的情况和地方政府的目标来决策财政支出的结构和规模。

在我国,政府是公共物品的主要供给者,并且形成了对公共物品市场的垄断,同时,地方政府官员的任命不像西方发达国家那样是由公众民主选举产生,而是由更高一级的政府任命产生,因此蒂布特模型中"以脚投票"的理论在我国是不适用的。对于地方政府来说,中央政府的满意度是其行为的主要目标,地方政府官员追求自身利益最大化的行为也使其往往忽视本地区社会福利最大化的目标,从而导致公众对于公共物品的需求也很难实现。我国财政体制的内涵是经济上分权和政治上的集权相结合,地方政府官员的晋升和任免是由中央政府来决策,因此,为了获得晋升和权利等自身的利益,在我国目前以 GDP 的绩效考核的作用下,地方政府展开了促进本地区经济增长的锦标赛,地方政府支出主要倾向于经济性支出,忽视非经济性公共

物品的供给。地方政府作为公共物品的供给者和公共物品的决策者,由于其自身利益最大化和以追求政治晋升为目标的行为,使得地方政府的财政支出偏向于对其政绩考核有直接影响和作用的经济性的支出,而使得服务于公众的非经济类的公共物品的供给不足。

另外,地方政府在供给公共物品时,由于外部性的存在,使得政府提供公共物品的财政支出也存在着一定的结构倾向。这种外部性一方面体现在地方政府之间为了吸引更多资金流入本地区以促进产出和经济的增长,彼此之间展开激烈的竞争来吸引外资,外资流入一个地区的同时就会减弱其他地区的外资进入,从而损害其利益,而拥有更多外资的地区会积极发展本地区基础设施建设从而进一步吸引更多资金的流入,来促进 GDP 的增长,获得好的经济绩效,但是同时也对其他地区带来负的外部性。然而并不是所有的外部性都是负面的,对于非经济类公共物品来说,地方政府如果增加教育的财政支出,也就是加大人力资本支出的话,这些受过良好教育的人在不同地区较强的流动性,就会给其他地区带来正的外部性,也就是说地方政府在不同公共物品上的支出会给其他地区带来负的和正的外部影响。外部性的影响另外一方面体现在地方政府在做出供给决策时往往会优先选择短期能够直接带来经济效应的经济类公共物品,对基础设施的投资亦是如此,而对于非经济类公共物品,如社会保障、教育、医疗等的投入在短期经济效应不显著,但是从长期看,却能够带来很大的社会效应,而对于追求经济增长绩效和职位晋升的地方政府官员来说,往往对其的投入热情不是很高,这使得这类公共物品的供给不足,造成了政府财政支出结构的扭曲。

二、分权体制下地方政府拥有自主决策权

传统经济理论认为,集权体制下中央政府统一的决策能够实现社会福利的最大化和资源的最优配置,认为集权优于分权的作用,这种传统的观点在现如今各国分权式的改革趋势下已经显得难以支撑,分权理论逐渐取代传统观点,正在被各国的实践所验证。改革开放之前,中国社会经历了约三十年计划经济的时期,由于计划经济体制的各种弊端,中国开始了由计划经济向社会主义市场经济的经济体制的改革,从 20 世纪 80 年代初开始的财政体制改革在促进中国经济发展过程中起到了非常重要的作用,财政分权则是经济转型过程中的重要突破口,也是经济发展过程中的政策推动力之一,可以说,财政分权是我国经济体制改革过程中的重要内容,中央政府通过放

权让利给地方政府,使得地方政府拥有了更大的财政自主权,可以依据本地区的实际来安排财政支出,极大地激励了地方政府发展地方经济的积极性。

财政体制的改革事实上是一个分权的过程,从高度集中的计划经济向社会主义市场经济的转变过程中,政府逐步从市场竞争中退出,资源的配置主要通过市场的价格和竞争机制得以实现,同时,中央政府逐步向地方政府放权让利,从财政包干制到分税制的改革,都使得地方政府拥有了一定的税收权和财政支出的权利,地方政府结合地区的发展情况安排本地区的财政预算规模和结构,为经济的发展注入了新的活力。这也是我国经济在改革开放三十多年中持续稳定发展的重要原因之一。财政体制改革促进了我国经济的发展,居民、企业、地方政府作为市场当中的主体参与到市场活动中来,成为资源配置的主体,通过自主决策获得相应的激励和回报。然而,随着我国分权改革的不断深入,分权体制下地方政府供给地方公共物品的职责越来越重要,但是我国公共物品供给结构失衡问题却越来越严重,一方面是基础设施建设的迅速发展,另外一方面却是社会保障、医疗、教育等公共物品供给的缺失。我国是财政分权的同时政治上保持中央高度集权的国家,地方政府主要官员中央政府任命,因此,地方政府官员追逐政绩考核的行为使得地方公共物品的供给出现了扭曲。

三、双重激励产生地方政府间竞争

中国财政分权体制改革给地方政府带来了发展经济的激励,以 GDP 经济绩效考核的政治上的中央集权给地方政府带来了竞争的积极性。财政体制改革从放权让利到分灶吃饭再到分税制改革,如何使得地方政府发挥其积极性,合理划分中央和地方财政收支,协调好各方利益关系,始终是我国经济、政治体制改革中的主要内容。我国地方政府发展经济的积极性不仅仅来自于财政分权所带来的激励,同时自上而下的政治管理体制促使地方政府之间展开"标尺竞争"。地方政府为了本地区经济的发展,通过采取税收竞争的优惠政策招商引资,提高本地区的外资融入水平带动经济快速增长,获得好的经济绩效,同时在财政支出上侧重于基础设施水平的提高,通过财政竞争促进 GDP 增长,吸引外资,增加收入。

地方政府之间竞争的激励是双重的,财政分权和政治集权给地方政府带来了竞争的动力和激励效应,中央对地方政府官员具有绝对的权威,中央对地方人员政绩考核的制度形成地方追求经济增长的激励,地方政府人员从过去的注重政治表现转变为如今的追求经济绩效获得晋升为主①,因此地方政府之间展开了经济增长的锦标赛。所谓的财政激励,也就是地方政府积极发展本地区经济促使地方财政收入增加,如果增加的程度越大,则说明财政激励越显著。政治激励则是说如果地方政府官员晋升概率和获得经济增长所采取的措施有关的话,晋升的概率越大,就说明对地方政府官员的政治激励越强。财政分权所带来的经济激励和中央集权的政治激励,极大促进了我国经济的增长,同时也扩大了公共物品的供给规模以及产生公共物品供给结构扭曲的问题。

第二节　中央和地方财政收支关系变化与财政激励

一、中央和地方财政收支划分的原则

在财政分权管理体制下,中央和地方政府的财政收支可以划分为集权和分权两大类,这种对集权和分权财政关系的划分主要根据中央和地方各自对财政收支的占有份额比重,同时事权则依据各自对总的财政收支的份额来确定。财政分权涉及的主要是政府之间关于财权和事权的关系问题,包括中央和地方政府之间以及各个地方的层级政府间的财政关系。

许多学者对政府之间财政收支的关系进行了详细的研究,其中具有代表性的是巴斯特布尔和塞利格曼的理论②,他们分别对政府间的财政支出和收入的关系从理论上提出了划分的原则。巴斯特布尔认为财政支出的划分主要依据三个方面的原则从而确定支出的归属级次,即受益、行动和技术的原则。具体来讲就是如果财政支出的受益范围是全国性的,在行动上需要统一规划实施的公共服务,同时在技术上要求水平高且规模庞大的公共工程和项目需要中央政府负责其财政的支出。如果财政支出的受益范围是地方性的,在行动上或者实施的时候需要因地制宜的公共项目,同时在技术水平上要求不是特别高且规模也不是很庞大的公共工程则可以交由地方财政来完成。塞利格曼认为财政收入的划分主要依据效率、适应性和恰当三个

---

① 徐现祥,李郇,王美今.区域一体化,经济增长与政治晋升[J].经济学(季刊),2007,6(4):1075-1096.

② 许正中,苑广睿,孙国英.财政分权:理论基础与实践[M].社会科学文献出版社,2002:14-15.

原则。具体来看,中央政府主要负责征收那些能够提高征管效率、税基广泛并且有利于社会公平实现的税种,例如对所得税的征收应归中央政府,因为所得税能够调节收入的分配,同时该税种的纳税人具有较强的流动性,如果交由地方政府负责征收的话成本很高。地方政府应该负责征管那些税基比较狭窄且具有地方信息优势的税种,例如对房产税的征收应该归地方政府负责。另一美国学者迪尤除了以上所提出的划分原则外还提出经济利益的原则,即税收归属的划分应该本着利益增加的原则,他认为商品税应该由中央政府负责征管,因为如果归地方的话就会形成贸易壁垒,对市场的发展和生产力的提高都会带来不好的影响。

二、我国政府间财政收支的关系

财政分权和中国经济的快速增长是分不开的,改革开放是一个政府放权让利和市场不断发展和成熟的过程,其中,政府的力量至关重要。中国的改革是渐进式的改革过程,市场对资源的调节和配置是以政府的放权作为前提条件,这也是中国经济发展的一个重要特征,并且在这个发展的过程中,中央和地方的财政关系有了比较大的变化。通过财政分权式的改革,地方政府逐渐获得自主安排财政收入和支出的权力,在发展经济方面有了很大的积极性和动力,自 1994 年分税制改革以来,我国财政分权体制改革进一步深化,地方政府获得更大的财政激励发展本地区经济,通过中央和地方税收划分和中央向地方税收返还来保证地方财政收入的不断增加,另外预算外收入的增加也是地方政府收入的重要组成部分,这些都给地方政府足够的激励促进地方经济的增长。

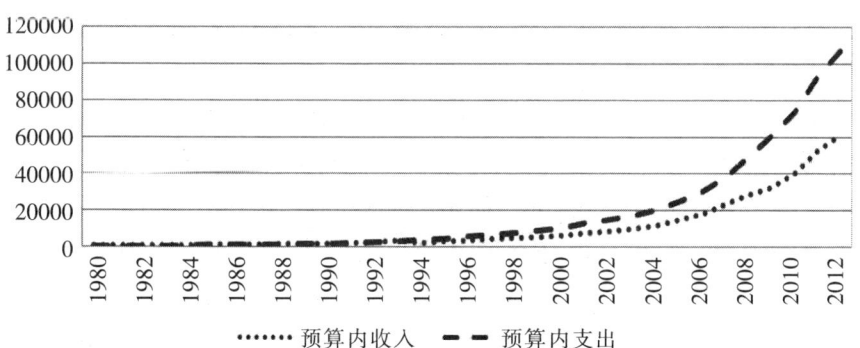

图 5-1　1980—2012 年我国地方政府预算内收入和预算内支出(单位:亿元)

数据资料:来自历年《中国统计年鉴》《中国财政统计年鉴》。

图 5-1 给出了我国自 1980 年至 2012 年之间地方政府预算内收入和预算内支出的变化趋势。从图可以很明显地看出,我国地方政府自 1980 年财政分权制改革以来预算内收支发生了较大的变化,预算收入从 1980 年的 875.48 亿元增加至 2012 年的 61078.29 亿元,增加了将近 69 倍,同时地方政府预算内支出从 1980 年的 562.02 亿元增加到 2012 年的 107188.34 亿元,这一数据增加了将近 190 倍,可见,我国自改革开放以来,地方政府的预算内收支都有了较快的增长。具体来看,从 1980 年到 1994 年之间,预算内收入和预算内支出增长的幅度较小,到 1994 年分别是 2311.6 亿元和 4038.19 亿元,从 1995 年到 2012 年之间增长得幅度较大,特别是 2005 年以后增长得特别快,这和我国经济的快速发展是分不开的。另外,我们还可以看出我国地方政府的预算内收支关系的变化情况,从 1980 年到 1985 年之间,预算内收入总额大于支出总额,也就是收大于支,从 1986 年到 2012 年间则是支出大于收入的情况,这充分说明在我国地方政府预算内收入增加的同时极大激励了地方政府的支出倾向。

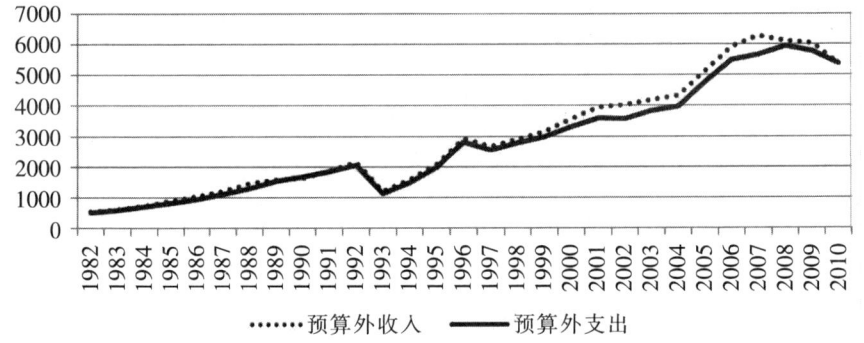

图 5-2　1982—2010 年间我国地方政府预算外收入和预算外支出(单位:亿元)
数据资料:同上。

图 5-2 是我国自 1982 年到 2010 年之间地方政府预算外收入和支出的变化情况,从整体上来看,我国地方政府的预算外收支呈现出上升的趋势,1982 年预算外收入为 532 亿元,到 2010 年这一数据达到 5395.11 亿元,增加了 9 倍多,1982 年地方政府预算外支出为 507.5 亿元,到 2012 年达到 5368.32 亿元,增加了将近 10 倍。另外,预算外收支在 1993 年、1997 年和 2010 年出现了三次较大的下降,这主要是因为分税制改革将国有企业利润留成部分从地方预算外收入划出以及中央将一些预算外收入项目划入预算内管理,出现了前两次地方政府预算外收支的下降,自 2011 年开始,我国政

府的预算外收支全部被纳入预算内管理,相关指标已不再单独列出,因此2010年我国地方政府预算外收支出现了第三次下跌的情况。从预算外收支关系来看,预算外收入大于支出,只有1990年和1992年个别年份出现了支出大于收入的情况。我国地方政府财政收支不仅仅包括预算内的收入和支出,同时也包括预算外的收支,这也是地方政府财政资金的重要组成部分,随着我国经济不断地发展和繁荣,地方政府预算外收支也呈现出不断扩大的趋势,构成我国预算管理的内容。

20世纪80年代的财政包干制促使地方政府成为追求经济和财政收入增长的经济利益主体,并展开地区之间的竞争,在这种地区竞争的同时地方政府运用行政和政策的力量推动了地区经济的增长。这种有中国特色财政分权背景下的地方政府竞争行为和美国财政联邦制的地方政府竞争是不同的,中国的地方政府在财政收入方面拥有部分分配权同时在财政支出上有部分的安排权,这说明地方政府只拥有有限的财政收入和支出权限。具体来说,在财政收入方面,由于地方政府缺少对税基、税种以及税率决定的权利,因此中央政府通过财权分配体制的改变确定中央和地方之间财政分配的格局,这使得地方政府财政收入取决于中央政府的财政分配体制。从财政支出来看,地方政府则担负了大部分的支出责任,这说明了中国的财政分权主要体现在财政支出也就是事权的分权方面。因此,基于中央政府对财政收入的控制权,我国的财政分权从本质上来看是事权下放和同时财权部分下放。

到20世纪90年代我国分税制改革以后,中央与地方财政关系在收入方面集权,而支出分权的特征更加凸显,另外,中央对地方的人事任免权也是一直高度集中。人事任免权的集中和财政支出的分权构成了所谓的地方政府晋升锦标赛[①]的制度背景,而这种具有中国特色的制度带来了经济快速增长的效率,因为地方政府展开的竞争以追求经济的增长为目标,既符合地方政府的既得利益又恰好和中央政府设定的目标相吻合,因此在这种晋升锦标赛式的政治激励作用下,各个地方出现了投资规模的不断扩大和经济高速增长的局面。这种高效率的实现是中央政府通过集中掌握对地方的财权和人事任免的权利为基础,然后通过量化和层层分解的形式把任务下达给

---

① 周黎安.中国地方官员的晋升锦标赛模式研究[J].经济研究,2007,7(36):50.

地方基层政府,而同时基层政府又受到上一级政府对其目标责任所进行的考核、监督和评估。在这个过程当中,一方面是中央政府在财权和人事任免方面的集权,另外一方面是地方政府对上级政府设定的目标有可以掌控的资源和可以实现的能力。

自1994年我国分税制改革以来的分权还不算是真正意义上的财政分权体制,因为政府之间的职能还没有合理划分清楚,政策制定的主动权在中央,中央政府可以任意改变游戏规则,在这样的情况下财政关系中还普遍存在着越位和缺位的现象。另外,由于法律基础的缺乏,政府财政关系中,中央拥有较大的主动权,在地方,民主决策也很难真正实现公民的意志和利益,我国现行的户籍管理体制限制了"以脚投票"的实现,因此地方政府的财政支出结构和支出水平并没有达到合理化的水平。

第三节　我国财政分权体制下
地方政府财政激励实证分析

一、引言

我国的财政分权体制改革通过放权让利,使地方政府在财政收支上拥有很大的自主权,这使得地方政府能够根据本地区的实际情况来决策和安排政府预算,地方政府在财政和政治双重激励的作用下,促进地区经济的增长,成为所谓增长型政府。在经济增长的同时地方政府增加了财税收入,并且又积极地通过税收优惠政策吸引外资进入,鼓励民营企业的发展,同时支持国有企业战略改革①。我国政治上的集权,使得中央政府掌握对地方政府官员奖惩和任免的权利,通过晋升和干部交流的方式把握关于地方官员较充分的信息,选拔人才从而实现官员政治晋升的目标。

Qian和Weingast(2005)指出,中国财政分权体制改革给地方政府提供有效的财政激励,推动中国经济的增长。并且通过计量模型实证考察了中国1982年至1992年省级地方政府预算内和预算外财政收入和财政支出之间的关系,以此来考察我国财政激励的有关情况,结果发现地方政府的财政

---

① Jin H,Qian Y,Weingast B R. Regional decentralization and fiscal incentives:Federalism,Chinese style[J]. Journal of public economics,2005,89(9):1719－1742.

收支之间有着密切的联系,由于地方政府有着很大的财政自主权,通过自筹资金获取收益,这就使得地方政府有着较强的财政激励去实现地区目标获得收入。这说明我国财政分权体制改革提高了地方政府的财政激励,是地方政府成为增长型政府并推动中国经济增长的重要方面。反之,如果地方政府财政激励不足的话,就会极大阻碍地方政府发展经济的积极性和动力。Roland[①] 也曾指出地方政府在吸引资本竞争激励的动力下增加了基础设施的投资规模并使企业预算约束硬化。Zhuravaskaya(2000)也认为中国经济取得繁荣的关键在于地方政府有着较强的财政激励,他通过对俄罗斯政府财政激励研究发现,地方政府收入增加时,上级政府削弱对地方的转移支付同时降低税收分享比例,弱化了财政激励,成为市场阻碍的联邦主义,这和中国市场维护型的联邦主义正好相反,结果是地方政府很难有效提供公共物品的供给[②]。傅勇[③](2007)通过对 1994—2004 年省级面板数据进行了实证检验,发现我国地方政府在财政支出结构上存在着偏差,形成了在基本建设支出和人力资本以及公共服务支出上的扭曲,同时分权所带来的政府之间的竞争会加剧财政支出结构的扭曲。

周黎安[④](2007)进一步提出在以 GDP 增长作为对地方政府绩效评估和政治晋升的激励下,出于对考核目标和指标的考虑,地方政府容易忽视那些不在考核范围的指标。这样的结果是地方政府追求短期能够获得经济效果的工作,对于长期目标中的公共物品供给则并不重视,如社会保障、教育、医疗等公共服务的建设和发展是长期的社会目标,但由于其短期经济效应并不显著,结果产生了供给不足和缺失。范允奇[⑤](2010)通过建立委托 – 代理博弈模型对我国地方政府财政支出偏好进行分析,在此基础上进一步通过对省级面板数据的实证检验,发现我国地方政府在双重激励的作用下产生了重基本建设、轻民生的财政支出偏好,因此提出要协调财政和政治激励之

① Qian Y, Roland G. Federalism and the soft budget constraint[J]. American economic review, 1998: 1143 – 1162.

② Zhuravskaya E V. Incentives to provide local public goods: fiscal federalism, Russian style[J]. Journal of Public Economics, 2000, 76(3): 337 – 368.

③ 傅勇, 张晏. 中国式分权与财政支出结构偏向: 为增长而竞争的代价[J]. 管理世界, 2007(3): 4 – 12.

④ 周黎安. 中国地方官员的晋升锦标赛模式研究[J]. 经济研究, 2007, 7(36): 50.

⑤ 范允奇, 王文举. 中国式财政分权下的地方财政支出偏好分析[J]. 经济与管理研究, 2010(7): 40 – 47.

间的关系,改善这种支出结构扭曲的现状。官永彬[1](2012)在 Mauro 计量模型的基础上,借助于我国 1987 年至 2006 年省级面板数据对地方政府公共支出结构进行了实证研究,证实经济和政治的双重激励使得地方政府偏好于短期能够带来经济增长效应的公共投资支出,对于公共服务的支出则不足,同时进一步提出地方政府这种扭曲形的支出偏好是不同地区之间公共服务水平差异性的主要原因。

二、模型设定与指标、数据说明

(一)模型设定

为了考察我国财政分权体制改革背景下地方政府财政激励的变化情况,在这里我们参照 Zhuravskaya(2000)、Qian 和 Weingast(2005)等对计量模型的建立,结合本书分析的重点,设定研究我国地方政府财政激励的基础回归计量模型如下:

$$\text{expenditure}_{it} = \alpha_0 + \alpha_i + \gamma_t D_t + \beta \text{revenue}_{it} + \varepsilon_{it} \tag{5-1}$$

该模型中,被解释变量 expenditure_{it} 表示省级地方政府在每一年的财政支出,其中,下标 i 表示不同的地区,t 表示不同的年份,revenue_{it} 是解释变量,表示地方政府在每一年的财政收入,α_0 是常数项,α_i 是随机变量,表示随个体变化但不随时间变化的变量的影响,也就是对应不同省份有不同的截距项,D_t 是时间哑变量,表示随时间变化的变量的影响,在这里主要是考虑到宏观经济可能对地方财政支出所产生的影响,为了能够控制不同省份共同的趋势,对每一个截面(每一年)加入时间趋势,也就是说不同年份有不同的截距项 γ_t,ε_{it} 是随机扰动项,并且和解释变量不相关。

(二)指标与数据说明

对地方政府财政激励研究主要的方法是分析地方政府财政收入和支出之间的关系,也就是说考察财政收入增加的同时,地方政府财政支出增加的幅度如何,以此来说明地方政府有多大的激励或者积极性增加地方的财政支出规模。本书扩展了 Jin、Qian 等对地方政府财政激励研究的样本空间,把样本扩大至 1980 年至 2012 年,这样更能充分地说明我国自 1980 年财政分权制改革以来地方政府财政激励的变化情况,具体的分析是把数据分成

---

① 官永彬.财政分权,双重激励与地方政府供给偏好的异质性[J].重庆师范大学学报:哲学社会科学版,2012(1):102－111.

两个阶段进行考察,即将 1980—1993 年作为第一个阶段,这一阶段主要是我国财政包干体制时期,是我国财政分权体制改革的初探阶段,第二个阶段是 1994—2012 年,即分税财政体制改革时期,通过比较两个时期财政激励的情况可以比较清楚地了解到随着我国财政分权体制改革的不断深化,地方政府获得财政激励的积极性如何以及对公共物品供给的影响情况。另外,本书不仅实证检验地方政府预算内财政收支的关系来获得财政激励的信息,同时对地方政府预算外财政收支关系的实证检验也是重要的方面,因为预算外收入是政府获取财政激励的来源。

在本书中,主要运用我国 29 个省、自治区和直辖市 1980—2012 年之间面板数据进行实证检验,为确保数据的完整性和一致性,我们把西藏除外,重庆市在 1997 年以后成为直辖市,因此把 97 年以后重庆的相关数据并入四川省,因此 1997 年以前的数据来自于《四川统计年鉴》,而 1997 年和以后的相关数据来自于重庆和四川统计年鉴计算并得出。其他各省、自治区、直辖市的面板数据均取自于各年《中国统计年鉴》《中国财政统计年鉴》《新中国六十年统计资料汇编》《新中国五十五年统计资料汇编》和各省、自治区和直辖市的统计年鉴。

三、实证结果分析

根据我国自 1980 年到 2012 年 29 个省、自治区和直辖市的预算内和预算外财政收入和支出的面板数据,我们来实证考察地方政府在改革开放之后三十多年的时间财政激励的有关情况,以此来说明财政分权改革对地方政府财政激励的影响如何,也就是地方政府在获得财政收入的同时在安排财政支出时的积极性如何,这为进一步考察地方政府在公共物品供给上的财政支出的具体情况获得重要的信息。

表 5-1　分税制改革前后我国地方政府的财政激励

解释变量	被解释变量:expenditure			
	1980—1993 年		1994—2012 年	
	(1)	(2)	(1)	(2)
revenue	0.903***	0.857***	1.004***	1.194***
	(51.927)	(39.036)	(38.584)	(40.633)
population		91.582***		−6.6e+03***

续表

解释变量	被解释变量:expenditure			
	1980—1993 年		1994—2012 年	
	(1)	(2)	(1)	(2)
		(3.400)		(-10.740)
_cons	-8.103***	-37.258***	44.539	2749.808***
	(-6.273)	(-4.298)	(0.863)	(10.735)
R-squared	0.969	0.970	0.950	0.960
Adj R-squared	0.966	0.967	0.946	0.956
F value	782.183	753.154	504.327	594.008
Obs	387	387	550	550
Hausman 检验	45.83	22.90	223.55	43.58
Pr >	0.0000	0.0000	0.0000	0.0000
备注	FE	FE	FE	FE

注:(1)括号中表示的是回归系数 t 统计量的值;(2)符号 * 表示的是回归结果在10%的水平显著,** 表示在5%的水平显著,*** 表示在1%的水平显著;(3)R-squared、Adj R-squared、F 以及 Obs 分别表示可决系数、调整后的可决系数、检验回归方程总体显著性的 F 统计量的值以及每一组回归观察值的个数;(4)回归方程中对每一年均加入了时间哑变量①。

表 5-1 给出了我国 29 个省级地方政府自 1980 年至 2012 年之间预算内财政收入和支出之间关系实证检验的结果,回归结果中我们考察的被解释变量是地方政府预算内财政支出,主要解释变量是地方政府预算内财政收入,另外为了进一步控制各个地区人口规模不同对地方政府预算内财政支出规模的影响,我们加入人口规模控制变量。表 5-1 给出了最终面板数据的回归结果,通过 F 统计量来检验是建立混合模型还是个体固定效应模型,结果是拒绝建立混合模型,建立固定效应模型更加合理,进一步通过豪斯曼检验来判断随机效应(RE)模型和固定效应(FE)模型的合理性,结果建立固定效应模型合理,上表给出了豪斯曼检验统计量的值和概率值。

① 本章节所有回归使用的计量分析软件版本是 Stata11.0.

对省际面板数据的检验我们分成了两个时期来分别进行考察,第一个时期是 1980 年至 1993 年,这段时期是财政分权的初探阶段,也是我国实行财政包干体制时期,检验的回归结果分别是第二列和第三列的内容,第二列是没有加入人口规模控制变量的回归结果,我们可以看到,地方政府预算内财政收入和财政支出之间的系数是 0.903,第三列给出了加入人口规模之后的系数,结果是 0.857,两个结果的系数都在 0.85 以上,也就是说当地方政府预算内财政收入增加 1 元钱,地方政府预算内财政支出至少增加 0.85 元钱,这说明地方政府预算内财政收支之间有着很大的关联性,也说明地方政府有着较强的财政激励。我国 1994 年进行了分税制财政体制改革,这也是我国财政分权制改革进一步深化的阶段,因此,自 1994 以来我国财政激励的情况如何,通过对 1994 年至 2012 年的实证分析我们可以大致了解实际的情况。

上表中的第四列和第五列给出了回归的结果,没有加入人口规模变量时我们得到的系数是 1.004,在加入人口规模时得到的系数是 1.194。从结果我们可以看出,如果地方政府预算内财政收入增加 1 元钱,预算内财政支出增加至少 1.004 元钱。比较两个时期的结果可以很清楚地看出,1994 年我国分税制财政体制改革进一步强化了地方政府的财政激励,地方政府获得了较之前更大的积极性来安排预算内财政支出。从 1994 年至今,地方政府预算内财政支出甚至超过了预算内财政收入,这说明中央政府在集中税收权力的同时,通过税收返还和税收分享的方式来保证地方政府预算内财政支出增长的问题。中央政府通过向地方政府的转移支付使得地方政府的预算内支出水平不但没有下降还保持稳步增长,甚至超过预算内财政收入的增长幅度。分税制改革使得中央政府拥有更强的财政支配能力,能够在地区之间进行财力的调整和再分配,均衡地区的人均财力水平,缩小区域差异,使得地方人均财政支出实现均等化。分税制改革改变了中央和地方的关系,地方政府和企业的关系,特别是中央对地方转移支付体系的建立,更加显示出我国财政体制的公平性和有效性,国家财政收支规模随着经济的繁荣而不断增长。这些都充分显示出随着我国财政分权式改革的不断深入和发展,地方政府的财政激励不但没有减弱反而增强了,这给地方政府积极发展本地区经济和供给居民所需求的公共物品都带来了正的效应,以上实证检验的结果证实了这一点,即使是在控制了人口规模的影响之后,结论依然很明确。

另外,从本章第二节图 5-1 和图 5-2 我们已经清楚地看到自我国包干制财政体制改革以来,在地方政府预算内财政收支规模不断扩大的同时,预算外财政收支的规模也在急剧地增加,可以说,预算外收入是地方政府财政激励的重要来源,也是地方政府财政收支的重要组成部分,并且随着预算外收入的不断增加,对地方政府行为的影响越来越重要,因此,我们在分析地方政府财政激励的时候,对预算外收支的考察也是其中必不可少的部分。可以说,地方政府的预算外收入和我国经济体制的改革是分不开的,随着改革开放的不断发展,20 世纪 80 年代国有企业大部分的保留利润是地方政府主要的预算外收入来源,到了 90 年代后期,收费和土地出售等收入也是预算外收入的主要来源。接下来我们继续通过实证的方法来考察我国 29 个省级地方政府预算外收支财政激励的情况。

图表 5-2　分税制改革后我国地方政府预算外财政激励

解释变量	被解释变量:extra – expenditure(1993—2010 年)		
	(1)	(2)	(3)
extra – revenue	0.908***	0.929***	0.891***
	(85.204)	(149.368)	(68.837)
population			98.878**
			(2.342)
_cons	1.329	1.802	– 38.021**
	(0.475)	(1.347)	(– 2.232)
Obs	522	522	522
R – squared	0.965		0.965
Adj R – squared	0.962		0.962
F	725.540		694.130
Hausman 检验	不能确定		8.67
Pr >			0.0341
备注	FE	RE	FE

注:(1)括号中表示的是回归系数 t 统计量的值;(2)符号*表示的是回归结果在

10%的水平显著，**表示在 5%的水平显著，***表示在 1%的水平显著；(3)R‑squared、Adj R‑squared、F 以及 Obs 分别表示可决系数、调整后的可决系数、检验回归方程总体显著性的 F 统计量的值以及每一组回归观察值的个数；(4)回归方程中对每一年均加入了时间哑变量。

　　表 5‑2 的回归结果是通过对我国 29 个省级地方政府自 1993 年至 2010 年[①]的面板数据进行的实证分析，表中的被解释变量表示的是预算外支出，解释变量是预算外收入以及人口规模控制变量。表中给出了三个回归结果，第(1)和(2)列表示的是在没有加入各个地区人口规模控制变量的分析结果，由于豪斯曼检验不能确定是选择固定效应模型(FE)还是随机效应(RE)模型，因此两种结果同时给出，第(1)列是 FE 的结果，第(2)列是 RE 的结果，第(3)列是加入各地区人口规模控制变量的回归结果，豪斯曼检验拒绝随机效应，建立固定效应模型更加合理。从整个结果来看，地方政府预算外收入和支出之间有着很强的关联性，并且回归系数实证检验的结果在 1%的水平具有显著性。从具体数值来看，回归系数都在 0.89 以上，在不考虑人口规模的影响时，预算外收支的系数在 0.9 以上，这说明当预算外收入增加 1 元钱，预算外支出至少增加 0.9 元钱。在考虑人口规模的影响时，两者之间系数是 0.891，说明即使各地区之间存在着人口规模的差异性，地方政府预算外收支之间仍然有着很强的关联，这也是地方政府财政激励的重要组成部分。

　　在分别考察了我国地方政府预算内和预算外收支之间关系的同时，我们接下来继续关注预算外收入的增加对地方政府预算内支出和预算内收入的影响情况，地方政府预算外收入的不断增加，究竟是弱化还是增强地方政府的预算内支出呢？另外预算外收入和预算内收入之间的关系又如何呢？接下来我们继续来关注这些问题。

表 5‑3　分税制改革后我国地方政府预算内外财政激励 I

解释变量	被解释变量：expenditure(1993—2010 年)		
	(1)	(2)	(3)
extra‑revenue	3.273***	3.014***	3.064***
	(17.379)	(11.003)	(14.699)

[①]　从 2011 年起，我国政府预算外收支全部纳入预算内管理，相关指标不再单独列示。

续表

解释变量	被解释变量:expenditure(1993—2010 年)		
	(1)	(2)	(3)
population		1842.168**	284.141**
		(2.061)	(2.026)
_cons	-21.049	-756.793**	-127.656
	(-0.306)	(-2.099)	(-1.493)
Obs	522	522	522
R - squared	0.854	0.855	0.854
Adj R - squared	0.833	0.841	0.839
F		147.022	
Hausman 检验	0.27	不能确定	
Pr >	0.873		
备注	RE	FE	RE

注:(1)括号中表示的是回归系数 t 统计量的值;(2)符号*表示的是回归结果在10%的水平显著,**表示在5%的水平显著,***表示在1%的水平显著;(3)R - squared、Adj R - squared、F 以及 Obs 分别表示可决系数、调整后的可决系数、检验回归方程总体显著性的 F 统计量的值以及每一组回归观察值的个数;(4)回归方程中对每一年均加入了时间哑变量。

表5-3 给出的是预算外收入和预算内支出之间关系的回归结果,其中被解释变量是预算内支出,解释变量是预算外收入,另外第(1)列是没有加入人口规模控制变量的结果,第(2)列和第(3)列是加入人口规模变量后的回归结果,以上结果包含了我国 29 个省级地方政府自 1993 年至 2010 年的面板数据,另外通过豪斯曼检验来判定是选择随机效应(RE)还是固定效应(FE)模型,在不能判定时同时给出两者。从回归结果我们可以看到,预算内支出和预算外收入之间的系数值在 1% 的水平显著,说明显著性非常高,表明预算外收入的增加对预算内支出的作用是积极的,随着预算外收入的增加,极大地激励了地方政府预算内支出的增长。

表5-4　分税制改革后我国地方政府预算内外财政激励Ⅱ

解释变量	被解释变量:revenue(1993—2010年)	
	(1)	(2)
extra - revenue	3.236***	2.498***
	(21.488)	(12.190)
population		5162.360***
		(7.724)
_cons	-22.099	-2.1e+03***
	(-0.396)	(-7.726)
Obs	520	520
R - squared	0.772	0.798
Adj R - squared	0.768	0.778
F		98.065
Hausman 检验	4.54	59.23
Pr >	0.209	0.000
备注	RE	FE

注:(1)上表括号中表示的是回归系数 t 统计量的值;(2)符号 * 表示的是回归结果在10%的水平显著, ** 表示在5%的水平显著, *** 表示在1%的水平显著;(3)R - squared、Adj R - squared、F 以及 Obs 分别表示可决系数、调整后的可决系数、检验回归方程总体显著性的 F 统计量的值以及每一组回归观察值的个数;(4)回归方程中对每一年均加入了时间哑变量。

表5-4 给出的是地方政府预算内收入和预算外收入之间关系的回归结果,其中被解释变量是预算内收入,解释变量是预算外收入和人口规模控制变量。以上的结果包含了我国 29 个省级地方政府自 1993 年到 2010 年,共18 年期间的面板数据,第(1)列没有加入人口规模变量,第(2)列是控制了各地区人口规模影响的结果,豪斯曼检验进一步判定随机效应(RE)模型和固定效应(FE)模型的合理性。从回归结果来看,预算内外收入之间的系数值在 1%的水平具有显著性,显著性非常高,另外正的系数说明两者之间不是此消彼长的关系,而是共同增长的关系,这进一步地说明我国自分税制财

政改革以来,在地方政府预算外收入不断增加的同时,中央政府并没有削弱地方政府预算内收入的增长。

一般来讲,由于中央政府对地方预算外收入较难监管,但仍能获得事后的信息,因此也可以对地方的收入进行相应地调整和再分配。那么在地方预算外收入增加的同时,如果中央减少其预算内收入的话就会极大地降低地方政府的财政激励,有可能造成地方预算内收入和支出的下降,也就有可能出现以上回归结果系数为负的情况。这样的话会削弱地方政府的财政激励,俄罗斯地方政府的情况即是如此,当地方政府自有收入增加时,中央政府会减少其与地方之间的分享收入,结果是地方财政收入增加很有限,两者之间关系的系数为负值,而我们国家的实际情况是预算外收入增强了地方政府的财政激励,两者之间系数为正值,这和俄罗斯地方政府的情况正好相反。一般来说,预算内资金是要通过人民代表大会并且经由审核批准后来进行预算支出和收入管理,这是在事前就已经决定好的,而预算外资金则是事后发生,接受公众监督检查,地方政府拥有其支配权,这给地方政府带来了很大的财政激励。因此,分税制改革促进了我国地方政府发展经济和增加地方财政收入的积极性。

第四节　本章小结

我国自20世纪80年代开始的财政包干体制改革是我国财政分权体制改革的开始,中央政府在下放财政和经济自主权的同时,也把相应的支出责任和社会经济目标给了地方政府,同时加强了对地方的考核和审查。随着分税制财政体制改革的实施,我国财政分权体制改革进一步深化,中央和地方收入分配以及财政能力发生了较大的变化,地方政府承担较多的支出责任,同时获得更多地方税收收入的管理和支配权,享有更多的财政资源。在获得了可观的预算内财政收入的同时,中央对地方的转移支付以及地方预算外收入、制度外收入以及自筹基金都给地方政府带来了极大的财政激励,这和俄罗斯地方政府的情况形成了鲜明的对比。

因此,可以说,中国经济能够得以快速的增长和我国财政分权体制改革是分不开的,一方面财政激励给地方政府带来发展地方经济的积极性。另外一方面我国自上而下的政治管理体制给地方政府带来了政治上的激励,中央政府通过对官员政绩考核、目标责任制来掌握对人员的考核、任命、晋升等的实现,形成了在政治上的激励,地方政府无论是从政治上还是从经济上都有着很大的积极性发展地方经济,在这种双重激励的作用下,中国经济取得了较快的发展,然而,财政和政治激励的作用是否也促进了我国地方公共物品的有效供给呢? 我们将在下一章继续来实证考察这一重要的问题。

第六章　财政分权、经济开放与公共物品供给空间计量实证分析

第一节　引　　言

本章关注于省级地方政府财政职能转型的影响因素问题。按照公共经济学常识,公共财政体系应该以公共服务为主要的目标,然而在中国,各级地方政府在基础设施投资方面的支出却是财政支出的重要组成部分之一,至少在所谓的建设型财政时期是这样。而在向完善的社会主义市场经济转轨的过程中,厘清基础设施支出、公共服务支出的影响因素①,使公共财政职能回归公共性,就是一个迫切的任务与要求;其既是一个理论课题,也是一个具有实践意义的课题;而这也正是本章的研究价值。

本章研究了我国地方政府对于公共物品供给的基本情况,使用三个主要的理论假说来分析该问题。不过,在对相关的理论进行综述之前,本章首先展示一个最近发生的、具有极强代表性的案例,并希望该案例能够为后文的分析奠定部分事实基础。据网易新闻提供的信息,2012 年 4 月,三星芯片项目落户西安,其第一阶段投资为 70 亿美元。为吸引该项目落地,西安市政府采取了不少措施。"有媒体称,西安给出的财政和行政支持主要包括:对投资额进行 30% 的财政补贴;项目所需 130 万平方米厂房由西安方面代建并和土地同时免费提供;每年补贴水、电、绿化、物流费用 5 亿元;对所得税征收进行前十年全免后十年半额征收。同时,西安市还承诺,将为项目修建高速公路和地铁等交通基础设施。按照上述政策计算,西安为三星项目付出

---

①　在一定程度上,这两项支出代表了不同的政府职能:建设性的财政与政府,以及公共服务型的财政与政府。此处的说明是粗略的,具体见后文的讨论。

至少 2000 亿元。"①而三星集团相关负责人则对相关报道矢口否认。

在该案例中,尽管相关媒体计算出的 2000 亿元可能是见仁见智的数据,但是我们完全不能否认其中存在的建设性支出,目的在于吸引该项直接投资(FDI),并促进本地的经济增长与开放。与此同时,我们也必须认识到,当地政府之所以可以做出相关的承诺,与中国经济增长过程中"财政分权"的大背景也是分不开的。因此,与本案例相关,希望回答的问题就是:在转型时期,地方政府的建设职能、公共服务职能究竟受到何种因素影响? 财政职能转型已经到了何种程度? 如何继续向公共财政体系努力?

以上述案例为基础,本章对相关的文献进行了梳理与综述,明确提出了"分权假说"与"开放假说",用以解释地方公共物品供给中存在的问题;并以此为基础,展开经验验证。在大样本的计量经济学分析过程中,本章使用了我国 30 个省、自治区和直辖市自 2000—2010 年间的面板数据进行分析②,采用空间计量经济的分析方法,考虑空间效应对我国不同地区公共物品供给水平的影响,由于公共物品本身外部性的存在,考虑不同地区公共物品有可能存在空间相依性,另外对于公共物品供给影响因素的分析中,我们也关注到资本在不同地区之间的流动有可能存在空间溢出效应。

因此,本章为了弥补目前对公共物品影响因素分析中忽视空间相关性研究的不足,除了将财政分权作为主要分析内容的同时,把各地区经济开放程度、财政自给率、城市人口密度等因素纳入对公共物品供给的空间计量回归分析框架之中,使用结合面板数据以及考虑空间关系的空间计量模型的分析方法,对我国地方公共物品供给的影响因素和空间效应进行分析,来实证检验我国地方公共物品的空间外部效应的特征以及其影响因素对公共物品供给水平影响空间作用的机制。Anselin③ 最早提出地区之间的经济活动存在空间相关性,他把空间计量的分析方法扩展到对面板数据的分析,因此许多学者开始关注经济行为本身的空间溢出效应的影响,把这一方法运用到对实际经济问题的分析中来。因此,本章借助 matlab 计量分析软件④,通

① 网易新闻. 三星否认在西安投资获得补贴 2000 亿元[EB/OL]. (2012 - 04 - 17)[2012 - 05 - 01]. http://news. 163. com/12/0417/10/7V9NV7OP0001124J. html.

② 本章的研究不包括西藏、港澳台地区。

③ Anselin L. Spatial econometrics:methods and models[M]. Springer,1988.

④ 本节的实证部均使用 matlab2011b 版本的软件,另外所使用的 Spatial econometric 工具箱可以从 www. spatial - econometrics. com 进行下载.

过极大似然估计（MLE）方法，使用空间滞后模型（SLM）和空间误差模型（SEM）的估计方法检验我国公共物品供给空间外溢性的特征，以及地方政府经济开放对 FDI 的竞争所带来的地区之间相互影响的空间效应，从而揭示出不同地区公共物品供给空间异质性及其影响因素。

第二节 文献分类、评价与研究假说

一、财政分权与公共物品供给文献分类与评价

从概括的角度来看，本章是在所谓的第二代财政分权理论[①]的框架下展开分析的。按照傅勇的研究，第一代财政分权理论强调了公共物品的提供效率问题。具体来说，低层级的地方政府具有信息优势、更了解民众的偏好，因此在公共物品的提供方面具有效率，所以地方政府的支出在财政总支出中，应该占有一定的比例，以体现支出分权及其效率。实际上，我们可以发现，相关的研究，比如 Tiebout[②] 与 Oates[③] 的经典分析，都是在发达经济体或者较为完善的市场经济为背景下展开的。这些经济体已经基本建立了公共财政体系，而具体问题则是强调公共物品的提供效率等相关问题，本质上是财政资源的再配置问题，而非配置资源促进增长的问题。然而与之对应，第二代财政分权理论则更多强调了分权对经济增长的作用。我们可以发现，相关的研究多数是以转轨国家、新兴经济体等为背景，强调了分权与经济增长的关系问题。

第二代分权理论中，与中国直接相关的研究主要都以省份为研究对象，研究结论主要都确认二者存在显著的正向关系。李婉[④]研究了 1995—2004年间除西藏、海南、四川和重庆之外的 27 个省市样本，结果表明，财政支出分权导致地方政府偏好于基本建设支出，而科教文卫支出则被忽视，甚至被其他支出所挤占。显然，这是追求增长的地方政府的一个"合理"的选择。因

---

① 本章的财政分权主要是财政支出的分权而非收入的分权，具体的含义与度量参见第 3 部分。

② Tiebout Charles M. A Pure Theory of Local Expenditures[J]. Journal of Political Economy, 1956, 64(5):416 – 424.

③ Oates Wallace E. An Essay on Fiscal Federalism[J]. Journal of Economic Literature, 1999, 37(3):1120 – 1149.

④ 李婉. 财政分权与地方政府支出结构偏向[J]. 上海财经大学学报, 2007, 9(5):75 – 82.

为基本建设支出会形成资本,核算进入 GDP,同时在短期内可以见到增长效果。而科教文卫支出则是"非生产性"的支出,即使能够带来增长效应,但也是在相对较长的时间内见到效果;故而对有一定任期,而且考核增长效果的地方政府领导者来说,并不偏好此项支出。因此,二者会形成正相关的关系。石沛、蒲勇健[1]针对 1998—2006 年除西藏外的省级地区的研究也得到了类似的结果,即支出分权倾向于增加政府的支出规模。

以城市为分析对象的研究中,尹恒、徐琰超[2]的研究十分值得关注。首先,该研究关注于市级地方政府;除此而外,其分析思路十分值得重视。作者以 2004 年 333 个地市级地区数据为基础,辅以 2002、2003 和 2005 年的数据对地级市之间的建设支出行为展开微观作用机制——溢出效应与竞争效应的分析。溢出效应是指,某地增加建设支出后,由于正的外部性(溢出),会导致邻近地区采取搭便车行为,即邻近地区的建设支出倾向于减少,因此二者是负相关的。竞争效应是指,由于中国特有的政治激励机制,各级地方政府都有"为增长而竞争"的意愿,即某地增加建设支出后,如果该地 GDP增长明显,则会刺激邻近地区更加积极地进行建设支出竞争,以期取得更好的增长绩效。因此二者是正相关的。这样的分析思路,是作者重要的贡献。然而在该文的经验验证过程中,却得到了两种效应都存在,而且都显著的结果,而作者也没有比较二者的数值大小;因此这是一个让人困惑的结论。在分权并逐渐深化的大背景之下[3],我也可以观察到各地建设支出的增长以及经济增长,这是确定无疑的[4][5]。如果尹恒、徐琰超的研究是可靠的话,我们显然可以得出新的结论:竞争效应一定是大于溢出效应的,而且分权与基础设施投资支出是正相关的。而前述的三星案例似乎也能够表明,分权情况下,地方政府也会为吸引投资而增加在基础设施方面的支出。

总而言之,有本章的第一个研究假说(H1):当中央政府如果以 GDP 考核地方政府政绩的情况下,投资基础设施的水平高于社会最优水平,而投资于非经济类公共物品的支出则不能满足居民需求,同时财政分权体制下财

① 石沛,蒲勇健. 政府规模决定因素与相关假说[J]. 软科学,2011,25(12):37-40.
② 尹恒,徐琰超. 地市级地区间基本建设公共支出的相互影响[J]. 经济研究,2011,7:55-64.
③ 付文林. 财政分权、财政竞争与经济绩效[M]. 北京:高等教育出版社,2011:23-28.
④ 李萍. 财政体制简明图解[M]. 北京:中国财政经济出版社,2010:149-162.
⑤ 申亮. 财政分权、辖区竞争与地方政府投资行为[J]. 财经论丛,2011,159(4):28-34.

政激励和税收激励强化了地方政府的这种支出倾向[①],即财政支出的分权程度是影响地方政府基础设施投资的一个因素,二者是正相关的关系。

对于分权与基础教育、医疗、社会保障等非经济类公共物品的关系,一般理解,地方政府缺乏在非经济类公共物品方面进行支出的积极性。从具体的研究来看,李祥云、祁毓[②]的分析证明,在财政分权的激励和约束之下,地方政府为实现经济增长和晋升的目标,非常有积极性放松社会保障等职能。此外,彭宅文[③]的观点也十分类似,即以政治集权和财政分权为重要特征的地方政府治理机制,扭曲了地方政府的行为,尤其是在社会风险回应的方面。具体到社会保障领域,地方政府倾向于利用或者牺牲社会保障政策构筑区位优势以吸引投资的流入,而这恰好抑制、扭曲了社会保障制度的改革和发展。

以此为基础,形成本章的第二个研究假说(H2):在财政分权体制下,当资本自由流动时,为了获取自身收益最大化的地方政府展开地区之间竞争的结果是经济和财政收入增长的同时削弱了地方非经济类公共物品的供给,即财政支出的分权程度是影响地方政府基础教育、医疗、社会保障支出的一个因素,二者是负相关的关系。

二、经济开放与公共物品供给文献分类与评价

在这一主题上我们有必要以 Rodrik[④] 的经典文献为起点。Rodrik 发现,国家层面上,经济体的开放程度跟政府支出之间存在正相关的关系;而且该种关系在控制部分因素之后,具有很强的稳健性。对于该种现象,Rodrik 给予的解释是:开放程度高,就意味着面临大的贸易冲击形成的风险,为了控制这些风险造成的影响,政府控制更多的资源进行再分配是一个有效率的选择;具体来说,政府在各种社会保障与福利方面的支出会相应增长。后继的研究沿着两个方向展开,即进一步的实证检验以及探讨新的作用机制。

---

① 关于假设提出的理论模型分析参看第三章第四节的相关内容。

② 李祥云,祁毓.中国的财政分权、地方政府行为与劳动保护[J].经济与管理研究,2011,3:98 -110.

③ 彭宅文.分权、地方政府竞争与中国社会保障制度改革[J].公共行政评论,2011,1:174 - 177.

④ Rodrik D. Why Do More Open Economies Have Bigger Governments? [J]. Journal of Political Economy,1998,106(5):997 - 1032.

在实证检验方面,有的研究支持 Rodrik 的结果,不过也有反对的证据①。不过这样研究多数是以发达经济体为研究对象的②;而在针对中国的研究中,杨灿明、孙群力③则得到了支持 Rodrik 的结论。除此而外,针对中国的研究中,研究的方向变成探讨是否存在其他机制导致二者的正相关效应。

事实上,如果 Rodrik 等一系列研究所认同的机制可以称为"社会保障支出机制"的话,那么在中国很多研究则都证明了"基本建设支出机制"的存在——该机制导致了经济开放与政府的基本建设支出存在显著的正向相关关系。其基本理由有三:首先,正如徐琰超、沈拓彬、尹恒所发现的,随着 FDI 的增加,会导致地方政府经济建设支出比重不断上升。这主要是由于地方政府为了本地区的经济增长水平的最大化,会逐渐提高经济建设支出比重,以配合资本进行生产。而在前述的案例中也可以检验这个观点。其次,在经济开放的过程中,不可避免地会遭受外部风险,在这一点上"建设支出机制"与"社会保障机制"没有不同;但是在中国,在遭遇外部风险时,各级政府首先使用的(或者说作为主要工具)是政府的建设性支出,而非社会保障支出。具体来说,就是政府增加建设支出拉动经济,这已经成为财政政策的一个重要组成部分。特别地,当财政政策有逆周期调整的情况下,必然导致由经济开放与建设支出的正相关性。最后,投资饥渴症的路径依赖也会导致建设支出的增长。投资饥渴曾经是"建设性财政体系"的主要问题;但是,在今天的转型时期,伴随着更加深入的改革开放,该病症并没有彻底消除;如果综合以其他因素,正如聂方红④所指出的,转型时期的地方政府仍旧受职能、财政分配制度、政绩考核压力、权力寻租等影响,表现出建设投资支出的投资饥渴。

总而言之,在上述理由的综合作用以及支持下,有本章的第三个研究假说(H3):地方的经济开放程度是影响地方政府基础设施投资以及社会保障等非经济类公共物品供给的因素,其都是正相关的关系。

---

① Garena John, Traskb Kathleen. Do More Open Economies Have Bigger Governments? Another Look [J]. Journal of Development Economics, 2005, 77(2):533 - 551.

② Benarroch Michael, Pandey Manish. Trade Openness and Government Size[J]. Economics Letters, 2008, 101(3):157 - 159.

③ 杨灿明,孙群力. 外部风险对中国地方政府规模的影响[J]. 经济研究,2008,9:115 - 121.

④ 聂方红. 转型时期地方政府投资行为分析[J]. 湖北经济学院学报,2006,4(5):86 - 89.

第三节 模型、数据来源与空间计量方法

一、面板数据计量基础模型

为检验前述假说,设定基本的模型如下:

$$Y_{it} = \alpha_0 + \beta DEC_{it} + \gamma OPEN_{it} + \delta FS_{it} + \mu CONTROL_{it} + [\alpha_i + \theta_t] + \varepsilon_{it}$$

$$(6\text{-}1)$$

其中:被解释变量 Y_{it} 分别表示公共基础设施,包括人均绿地面积(GREEN)、城市燃气普及率(GAS)、城市用水普及率(WATER),被解释变量基础教育用成人文盲率(ILLI)表示,被解释变量公共医疗卫生用人均卫生机构人员数(INS)表示,被解释变量社会保障用失业保险普及率(UNEMP)来表示,该指标等于各地区年末参加失业保险人数与该地区年末人口数的比值。

解释变量 DEC 代表财政支出分权程度,按照大多数文献通常使用的方法,用各省预算支出与中央预算支出的比值得到;OPEN 代表地区外商直接投资与全国外商直接投资总额的比重,是各地区经济开放程度的代理变量;FS 表示财政制度变量,主要关注各省财政自给率(SELF)和人均预算外财政收入(EXTRA)对非经济类公共物品供给的影响情况,同时,控制变量(CONTROL)包括:各地区人均地方财政支出(EXP)、各地区人均教育支出(EDUF)、各地区人均医疗卫生支出(MEDF)、各地区人均社会保障支出(SECF)、另外还包括人口密度(POPD)和城市人口密度(CITYD)。α_0 为共同的常数项;随机扰动项中,α_i 代表地区固定影响或随机影响,θ_t 代表时间固定影响或随机影响;ε_{it} 代表纯粹随机扰动。而 $i(i = 1,2,3,\cdots,30)$ 代表30个省级地方政府;$t(t = 1,2,3,\cdots)$ 代表时间。

表6-1 有关数据的说明

变量	说明	单位
WATER	城市用水普及率	%
GAS	城市燃气普及率	%
GREEN	人均绿地面积	km^2/人
ILLI	成人文盲率	%

续表

变量	说明	单位
INS	人均卫生机构人员数	人
UNEMP	失业保险普及率	%
DEC	某地区预算支出总额/中央预算支出总额	%
OPEN	某地区实际利用外资总额/全国 FDI	–
SELF	财政自给率	%
EXTRA	人均预算外财政收入	万元,当年价
EXP	人均地方财政支出	万元,当年价
EDUF	人均教育支出	万元,当年价
MEDF	人均医疗卫生支出	万元,当年价
SECF	人均社会保障支出	万元,当年价
POPD	人口密度	万人/平方公里
CITYD	城市人口密度	万人/平方公里

在本书中,主要运用我国 30 个省、自治区和直辖市 2000—2010 年之间面板数据进行实证检验,为确保数据的完整性和一致性,我们把西藏除外,其他各省、自治区、直辖市的面板数据均取自于各年《中国统计年鉴》《中国财政统计年鉴》《新中国六十年统计资料汇编》《新中国五十五年统计资料汇编》和各省、自治区和直辖市的统计年鉴。另外,本文选择 2000 年作为研究的起始年份是十分必要的,这主要是由于在 2000 年之前,各级地方政府还处于 Ma[①] 所说的"前预算时代",各级地方政府的预算可靠性较差,而从 2000 年以后开始,中国才进入"预算时代"。就此而言,选择这个起始年份是合适的。

二、面板数据空间计量模型

空间面板计量模型的分析方法是目前一种比较前沿的估计技术,它可

---

① Ma Jun. If You Can't Budget,How Can You Govern? – A Study of China's State Capacity[J]. Public Administration and Development,2009,29(1):9 – 20.

以对邻近地区之间可能存在的在空间上和时间上的异质性进行有效的分析,因此本文对于省级地方政府公共物品供给影响因素的分析中,也需要进一步考虑不同省域之间有可能在空间上的相互影响作用,以及影响变量的空间流动性所带来的空间溢出效应,这样的话,就会导致其他地区相应变量的变化,即存在空间相关性。因此本文尝试使用面板数据的空间计量模型对所研究的内容进行回归分析,综合了公共物品供给变量的时间信息和截面(空间)相关的信息,能够更加客观地反映出公共物品外部性在时间和空间的交互作用下的特征和变化情况,是定量分析公共物品供给影响因素的作用比较科学有效的估计方法。本文主要借助空间回归模型,具体包括空间滞后和空间误差两种模型的引入来具体分析公共物品外部性在不同地域间的空间溢出效应以及影响公共物品供给因素在空间的交互作用对其供给水平的影响。

(一)空间计量模型设定

根据计量基础模型(6-1)式的设定,进一步考虑变量 Y_{it} 在不同地域间空间相关性的作用,即公共物品外部性所表现出的空间溢出的形式,可以设定面板数据的空间滞后模型如下:

$$Y_{it} = \alpha_0 + \rho \text{WY}_{jt} + \beta \text{DEC}_{it} + \gamma \text{OPEN}_{it}$$
$$+ \delta \text{FS}_{it} + \mu \text{CONTROL}_{it} + [\alpha_i + \theta_t] + \varepsilon_{it} \qquad (6\text{-}2)$$

在式(6-2)中,我们在基础模型(6-1)式的基础上加入 ρWY_{it} 项,其中 W

$$= \begin{bmatrix} W_1 & 0 & \cdots 0 \\ 0 & W_2 & \cdots & 0 \\ \vdots & \vdots & \ddots & \vdots \\ 0 & 0 & \cdots & W_t \end{bmatrix}_{NT \times NT}$$ 称作面板数据空间权重矩阵,该矩阵是一个 $NT \times$

NT 的形式,矩阵中主对角线上的每一项 $W_t = (w_{ij})_{N \times N}$ 表示在第 t 期时的截面空间权重矩阵,系数 ρ 表示空间自回归系数。因此 WY_{it} 表示相邻的省份间公共物品供给各被解释变量空间加权滞后变量,用来度量在地域上和本地区 i 相邻的地区 j 对其影响作用,称作地区 i 的外部空间溢出,即在 t 时期和地区 i 相邻的区域的被解释变量的加权值之和。

关于空间权重矩阵的选择,在本文中采用应用比较广泛的 Rook 一阶邻接矩阵的形式,具体规则为:如果地区 i 和地区 j 有共同的非零边界时,赋予空间权重值为 1,反之则赋予权重值为 0。具体定义如下:

$$w_{ij} = \begin{cases} 1 & \text{当空间单元 } i \text{ 和 } j \text{ 拥有共同边界} \\ 0 & \text{当空间单元 } i \text{ 和 } j \text{ 无共同边界或 } i = j \end{cases} \qquad (6\text{-}3)$$

另外 $i,j = 1,2,\cdots,N$ 且 $i \neq j$，N 为面板数据的空间个体数，在本文的实证检验中的个体数 $N = 30$，时间跨度 $T = 11$。关于面板数据空间权重矩阵的定义，首先通过(6-3)式定义出 $0-1$ 相邻地区的空间权重矩阵，然后通过 matlab2011b 软件进行标准化的处理，按照 $W_t = W_{ij}/\sum_j W_{ij}$ 使 W_t 矩阵在每一行的元素加总之和等于1，得到单位化后的面板数据空间权重矩阵可以反映出不同地域之间的空间相关结构，因此更加方便用于回归模型的空间计量分析。在本文中对于每一期 t 的空间权重矩阵对应的是我国大陆 30 个省、自治区和直辖市的地理邻接空间权重矩阵，因此，$W_1 = W_2 = \cdots = W_T$。

模型(6-2)表示一个地区 i 的公共物品的规模不仅受到本地区财政分权、经济开放度、财政制度等外生变量的影响，还有来自于相邻 j 地区的公共物品规模 WY_{jt} 的影响，由于每一个地区 i 的邻居不止一个，因此，所有相邻地区对 i 地区的影响通过标准化处理后的空间权重矩阵的加权平均得到，从而可以检验出相邻的所有地区的公共物品规模对 i 地区的公共物品供给规模的影响，系数 ρ 则显示了这种影响程度的大小以及影响的方向。

另外如果地区公共物品供给规模的空间相关性存在于不可观测的误差扰动项时，在考虑与地区 i 相邻的其他地区公共物品供给规模因变量误差冲击产生对该地区公共物品的规模的影响时，它反映的是一种外生的空间效应，与建立模型(6-2)式不同的是需要建立空间误差模型来体现出这种误差冲击的影响，因此，可以设定模型如下：

$$Y_{it} = \alpha_0 + \beta DEC_{it} + \gamma OPEN_{it} + \delta FS_{it} + \mu CONTROL_{it} + [\alpha_i + \theta_t] + \mu_{it} \qquad (6\text{-}4)$$

其中：$\mu_{it} = \lambda W\mu_{jt} + \varepsilon_{it}$，$\mu_{it}$ 为空间误差自相关，λ 表示空间自相关系数，用来反映出存在于误差项中的各地域的空间依赖关系的大小，即邻近地区公共物品供给规模被解释变量对 i 地区公共物品供给规模被解释变量的影响作用的程度，说明了误差扰动项所带来的地域间的空间外溢的部分。

(二)模型估计方法

前面我们通过对面板数据空间计量模型(6-2)和(6-4)式的设定把公共物品变量的空间相关性纳入对问题的分析，如果不考虑变量空间相关性即截面相关性的话，就可以对基础模型(6-1)式使用 OLS 或者 GLS 的估计方法对面板数据进行回归分析,从而得到影响我国地方政府公共物品供给的影响因素的实证分析结果。然而,为了更加科学可靠地检验数据截面上的交互作用,即空间依赖性的影响,我们需要进一步实证检验变量的空间溢出效应。然而如果仍然使用 OLS 对模型(6-2)和(6-4)进行估计的话,会使得估计的系数值有偏差或无效,得到的结果将不再具有估计的有效性。另外由于邻近地区之间空间效应的影响可能是内生的,即邻近地域公共物品供给规模的加权和作为方程右边的解释变量进入方程等式中,这就意味着 OLS 不是一致估计。因此需要采用更加有效的估计技术来对空间计量模型进行有效的估计,通常有极大似然、工具变量等估计方法,本书采用极大似然估计(MLE)方法来对空间计量模型 SLM 和 SEM 进行估计。

本书在 matlab 软件的基础上对空间计量模型(6-2)和(6-4)进行回归分析,分别建立了 SLM 和 SEM 模型,以期从不同的视角来对我国 30 个省级地方政府公共物品供给进行实证检验分析。在对模型的判定过程中,给出的判定标准有拟合优度 R^2 检验,另外常用的判别准则还有似然比率(LR)和自然对数似然函数值(LogL)等,似然值的对数值越大,模型的拟合优度 R^2 值越大的模型最好。

第四节　空间计量模型的估计结果与分析

一、假说的提出

使用 Matlab 软件进行面板数据的分析发现,我国 30 个省级地方政府公共物品供给规模存在空间相关性,通过使用空间计量的方法建立模型并对模型进行回归结果的估计,模型中分别考察了空间滞后和空间误差的影响,即分别建立 SLM 模型和 SEM 模型全面考虑面板数据的空间相依性关系,对模型的估计采用 MLE 的方法,避免 OLS 的估计不一致性,使估计结果更加科学可靠。在本章的第二节我们就所研究的内容提出了本书的研究假说:

第一个研究假说(H1):财政支出的分权程度是影响地方政府基础设施投资的一个因素,二者是正相关的关系。

第二个研究假说(H2):财政支出的分权程度是影响地方政府基础教育、医疗、社会保障支出的一个因素,二者是负相关的关系。

第三、第四个研究假说(H3、H4):地方的经济开放程度是影响地方政府基础设施投资以及教育、社会保障等非经济类公共物品供给的因素,其都是正相关的关系。

二、空间计量实证结果:检验假说

(一)实证结果

表6-2 财政分权、经济开放与基础设施供给

	被解释变量 WATER		被解释变量 GAS		被解释变量 GREEN	
	模型 SLM	模型 SEM	模型 SLM	模型 SEM	模型 SLM	模型 SEM
	(1)	(2)	(3)	(4)	(5)	(6)
兴趣变量						
DEC	0.614***	0.549**	0.920***	0.606*	0.244***	0.280***
	(-2.645)	(2.222)	(3.562)	(1.839)	(4.750)	(5.167)
OPEN	-0.675***	-0.720***	-0.686**	-0.629**	-0.080	-0.069
	(-2.749)	(-3.209)	(-2.037)	(-2.001)	(-1.500)	(-1.300)
制度变量						
SELF	0.197**	0.068	0.200	0.135	0.037*	0.024
	(1.990)	(0.660)	(1.491)	(0.953)	(1.718)	(1.019)
EXTRA	-0.535	-0.712*	0.018	0.004	0.041	0.020
	(-1.500)	(-1.848)	(0.036)	(0.008)	(0.534)	(0.232)
控制变量						
EXP	0.012	0.041			0.008	0.023***
	(0.406)	(1.161)			(1.135)	(3.271)
CITYD	0.067*	0.040	0.096*	0.023	0.002	0.003
	(1.702)	(0.984)	(1.777)	(0.409)	(0.244)	(0.312)
ρ	0.591***		0.525***		0.428***	
	(12.390)		(10.183)		(7.569)	
λ		0.630***		0.593***		0.381***
		(13.688)		(12.145)		(6.145)

	被解释变量 WATER		被解释变量 GAS		被解释变量 GREEN	
	模型 SLM	模型 SEM	模型 SLM	模型 SEM	模型 SLM	模型 SEM
	(1)	(2)	(3)	(4)	(5)	(6)
统计检验						
R^2	0.645	0.595	0.701	0.656	0.655	0.578
LOGL	401.080	398.419	301.114	292.291	912.482	903.267
空间效应	FE	RE	RE	FE	FE	FE
Obs	330	330	330	330	330	330

注:(1)括号中表示的是回归系数 t 统计量的值;(2)符号 * 表示的是回归结果在10%的水平显著, ** 表示在5%的水平显著, *** 表示在1%的水平显著;(3)FE 代表固定影响,RE 代表随机影响。

回归结果如表6-2至表6-4,表6-2给出的是基础设施公共物品的回归结果,表6-3是教育、医疗卫生公共物品的回归结果,表6-4是社会保障公共物品的估计结果。从回归结果得出的基本结论是:财政分权对城市基础设施公共物品具有明显的促进作用,这和张军等(2007)得出的结论是一致的,而各地区经济开放对城市基础设施的供给则带来负面影响;财政分权对教育和医疗方面的影响是负的,各地区经济开放度对公共医疗的影响不显著,和成人盲率之间正相关;最后财政分权和社会保障之间的关系要看具体情况,从实证结果来看,财政分权和养老保险普及率之间是正相关的,和失业保险普及率之间是负相关,另外各地区经济开放度和养老保险普及率、失业保险普及率之间呈现负相关关系。

对于表6-2至表6-4的回归分析中除了主要关注的变量以外,我们按照公共物品所属不同类别相应控制了各个地区人均财政支出额,因为公共物品供给水平的提高有可能是因为地方政府财政资金的增加,通过控制这一变量,能够更好地得到财政分权对公共物品供给的影响情况。具体来讲,在对城市公共基础设施公共物品进行回归分析时,由于我国自2007年中国统计年鉴和各个地方统计年鉴关于政府财政支出的分类项目做了较大的调整,关于城市维护支出项目不再单列,我们用人均地方财政支出来替代;对于教育和医疗卫生公共物品的分析中,分别控制了人均教育支出和人均医疗卫生支出的影响;对于社会保障公共物品则加入人均社会保障支出变量。另外,由于不同地区人口规模因素对公共物品供给的影响,一般来讲,人口密集度越高,对公共物品的需求越大,相应的公共物品的供给规模和供给效率应该越大,因此为进一步控制人口规模变量,对城市基础设施的分析中,加入城市人口密度变量,该变量为城市人口与城区土地面积的比值;对教育、医疗、社会保障公共物品的分析中,加入人口密度变量,该变量为各地区年末人口数与各地区国土面积的比值。

表 6-2 至表 6-4 的回归是基于 matlab 软件,采用的是 MLE 的方法,对模型拟合优度的检验在表中给出了 R^2 值,然而对空间面板数据的参数估计该检验值的意义存在一定争议,因此,除了该检验值以外,本文还给出了自然对数的极大似然值 LOGL 和似然比率 LR 值,他们可以直接来检验模型的优劣程度,当然,似然值越大的话说明模型拟合的越好。从表 6-2 我们可以看到模型的拟合优度 R^2 值最低为 57.8%,说明表 6-2 中模型的拟合还不是非常合适,选取的解释变量对被解释变量的解释力达到了 57.8% 以上,有可能存在着遗漏的解释变量或者是模型的设定还不是很合适;而表 6-3 和表 6-4 的拟合优度大部分在 90% 以上,说明所选取的变量对相应因变量的解释达到了 90% 以上,另外对数似然函数值和似然比率值都非常大,这说明模型选取的变量比较合适,模型拟合的较好。

表 6-3　财政分权、经济开放与教育和医疗卫生供给

	被解释变量 ILLI		被解释变量 INS	
	模型 SLM	模型 SEM	模型 SLM	模型 SEM
	(1)	(2)	(3)	(4)
兴趣变量				
DEC	-0.041***	-0.009***	-0.002**	-0.001**
	(-2.868)	(-3.187)	(-2.292)	(-2.025)
OPEN	0.085*	0.016		
	(1.647)	(0.336)		
制度变量				
SELF	-0.066***	-0.051**	0.001	0.001
	(-3.312)	(-2.508)	(1.000)	(1.444)

续表

	被解释变量 ILLI		被解释变量 INS	
	模型 SLM	模型 SEM	模型 SLM	模型 SEM
	(1)	(2)	(3)	(4)
控制变量				
EDUF	−0.217***	−0.369***		
	(−4.565)	(−5.467)		
MEDF			0.026***	0.030***
			(8.525)	(10.292)
POPD	0.278**	0.147	0.028***	0.023***
	(2.148)	(1.259)	(7.742)	(6.942)
ρ	0.642***		0.167**	
	(14.801)		(2.551)	
λ		0.695***		0.236***
		(16.521)		(3.28)
统计检验				
R^2	0.916	0.839	0.934	0.934
LOGL	841.910	919.482	2045.748	2043.363
空间效应	RE	FE	FE	FE
Obs	330	330	330	330

注:(1)括号中表示的是回归系数 t 统计量的值;(2)符号*表示的是回归结果在10%的水平显著,**表示在5%的水平显著,***表示在1%的水平显著;(3)FE代表固定影响,RE代表随机影响。

另外在表6-2至表6-4中我们同时列出了空间滞后(SLM)和空间误差(SEM)两种模型的回归结果,希望能够通过不同角度对我国地方政府公共物品供给的情况进行实证检验分析。通过对空间计量模型的估计结果来看,空间滞后参数 ρ 和空间误差参数 λ 基本上在1%的水平通过显著性检验,表示显著性非常高,这也说明不同地区公共物品本身确实存在着外部性,形成了不同地区之间的空间溢出效应,同时也说明不同地区之间的资本流动表现为地区之间经济开放程度也存在着较强的空间依赖关系,表现为空间上互为影响,因此,我们对模型的设定是合适的。同时针对空间面板数据的分析,为了更加科学可靠地得到分析的结果,对两种空间计量模型还分别设定了固定效应和随机效应的模型,通过 Hausman 检验来做出判别,在表6-2 至表6-4 中给出了检验的结果,FE 表示固定效应模型,RE 表示随机效应模型。

表6-4   财政分权、经济开放与社会保障供给

	被解释变量 PENSI		被解释变量 UNEMP	
	模型 SLM	模型 SEM	模型 SLM	模型 SEM
	(1)	(2)	(3)	(4)
兴趣变量				
DEC	0.284***	0.477***	−0.008**	−0.010***
	(4.205)	(6.451)	(−2.154)	(−3.198)
OPEN	−0.002	−0.0002	−0.002***	−0.003***
	(−1.414)	(−0.179)	(−2.736)	(−3.144)
制度变量				
SELF	0.151***	0.145***	0.066***	0.043**
	(5.703)	(5.159)	(3.478)	(2.335)
EXTRA	−0.012**	−0.011*		
	(−2.262)	(−1.899)		
控制变量				
SECF	0.017***	0.024***	0.009***	0.008***
	(6.573)	(8.289)	(5.228)	(5.003)
POPD	1.121***	1.836***	0.664***	0.578***
	(6.757)	(7.542)	(5.463)	(3.620)
ρ	0.421***		−0.086	
	(8.606)		(−1.176)	

	被解释变量 PENSI		被解释变量 UNEMP	
	模型 SLM	模型 SEM	模型 SLM	模型 SEM
	(1)	(2)	(3)	(4)
λ		0.449 ***		− 0.164 **
		(7.707)		(− 2.094)
统计检验				
R^2	0.953	0.947	0.938	0.943
LOGL	748.560	821.059	857.714	936.919
空间效应	RE	FE	RE	FE
Obs	330	330	330	330

注:(1)括号中表示的是回归系数 t 统计量的值;(2)符号 * 表示的是回归结果在 10% 的水平显著, ** 表示在 5% 的水平显著, *** 表示在 1% 的水平显著;(3)FE 代表固定影响,RE 代表随机影响。

本文关注各地区相邻省份空间加权公共物品供给变量回归的结果表明,相邻省份加权公共物品供给与特定省份的公共物品供给之间呈现出正相关的关系,即 $\rho > 0$,并且通过了 1% 的显著性检验,这充分说明各省份之间的公共物品供给存在明显的外部性以及空间溢出效应,这正好验证了尹恒、徐琰超的观点。另外,本文所关注的空间误差项变量的回归结果在表6-2 至表6-4 中可以看到参数估计值 $\lambda > 0$,并且基本通过 1% 显著性检验,这说明我国不同省份之间公共物品供给通过误差项存在地区之间的溢出,相邻地区的公共物品供给的误差冲击对该地区的公共物品供给有显著影响作用。也就是说,当某个地区公共物品供给受到外部冲击带来供给增加时,该地区的公共物品供给会通过空间误差权重矩阵的权值带动与其相邻的其他地区公共物品供给的增加,最终的结果是各个地区公共物品供给的水平整体提高,表现出一定的空间模式。

(二)结果分析

通过以上对模型本身设定和模型回归结果的总结中,我们可以得到以下的结论:

第一,从表6-2 至表6-4 的回归结果我们可以看出,财政分权提高了城市基础设施的供给效率,两者之间是正相关的关系,具体结果可以从表6-2得到,两者之间的系数全部通过了10%的显著性检验,这和张军的结论是一致的,城市用水、用气以及绿地都属于基础设施的范畴,财政分权显著提高了基础设施的供给水平,这同时也验证了本文H1假设的提出,并且和第三章所建立的理论模型的结论也是一致的,也就是说在财政分权体制下,当资本自由流动时,为了获取自身收益最大化的地方政府展开地区之间竞争的结果是经济和财政收入增长的同时,政府更加偏好于投资基础设施支出的增加。另外,从表6-3来看,财政分权和文盲率以及人均卫生机构人员数之间都是负相关关系,也就是说,分权程度有效降低了文盲率的水平,同时分权程度的提高会降低人均卫生机构人员数,带来负向的影响,即财政分权程度提高会显著降低公共医疗服务水平。这基本验证了本文假设H2的内容,但是对于基础教育的结果显然和假设H2的内容是相反的,出现这种情况一方面可能是自2000年以来,随着我国财政体制改革不断地深化,政府的财政体系逐渐由以前的建设性财政向公共服务体系转型,使得财政分权在基本公共服务方面的作用有了很大的改善;另外一方面也可能是本文对模型的设定还有很大的局限,得出的结论可能有所偏差。最后,从表6-4来看,财政分权显著提高了我国各个地区的养老保险普及率水平,同时降低了失业保险普及率水平,即财政分权和养老保险普及率之间是正相关关系,和失业保险普及率之间则是负相关关系。养老保险和失业保险同属于社会保障的范畴,而通过检验得出的结果是不同的。本文选取的时间段是2000年至2010年之间,因此很有可能是自2000年以来,我国财政分权式改革已经逐渐对社会保障公共物品的影响发生了一定程度的改变,从养老保险普及率的实证结果来看,正是体现了这一点。我国自2002年党的十六大明确提出全面建设小康社会以及2007年党的十七大把促进基本公共服务均等化目标作为改革的重点,2006年中央开始实施领导干部综合考核评价办法,把教育、社会保障等公共服务的内容加入对地方领导干部的政绩考核中,都充分显示出我国公共服务型财政体制的改革目标。正是在中央政策的引导下,地方政府提高了养老保险公共物品的供给水平,养老保险普及率不断扩大,从城镇职工逐渐向农村普及,这也体现了我国地方政府财政职能正逐渐发生较大的改变。然而,实证结果同时也显示出财政分权对失业保险普及率仍然有着负向的影响,这和本文假设H2的内容是一致的,说明财政分权降低了失业保险公共物品的供给效率,这和第三章第四节理论模型的结论一致,即财政分权降低了非经济类公共物品的供给水平,这也说明在中央政府政策的引导下,我国地方政府财政分权化改革取得了一定的成效,但是由于外部的环境以及内在的激励等方面还不完善,地方政府在向公共服务型政府的转型过程中还存在着一定的问题,抑制了地方政府非经济类公共物品的有效供给。

第二,各地区吸引外商直接投资的竞争所表现出的经济开放程度和公共物品供给之间是负相关的关系,只有对人均卫生机构人员数的影响不显著以外,经济开放程度的提高显著降低了城市基础设施的供给,提高了文盲率以及降低了社会保障公共物品的供给效率。这和本文假设 H3 和 H4 的情况相反,说明我国地方政府为增长而竞争的行为抑制了公共物品的有效供给,这和我们在第三章第四节所建立的理论模型中所分析的结论是一致的,地方政府官员为获得好的政绩考核以及晋升的机会,通过各种方式吸引资本流入本地区从而促进本地区经济的增长,政府间这种所谓的标尺竞争使得地方政府不断加大能够带来经济绩效的基础设施的投资力度,同时阻碍了非经济类公共物品和公共服务的进一步发展。在本书中,虽然供水、供气和绿地属于城市基础设施的范畴,但是各地区地方政府对 FDI 的热衷很明显降低了其供给水平。

第三,在本文中我们也考察了地方政府的财政自给率和人均预算外收入对我国地方公共物品供给的影响,财政自给率是衡量地方政府财政资金充裕程度的变量,一般来讲,地方政府财政资金越充裕,公众对公共物品需求的满足更能够得到实现,如果资金能够有效率地发挥其财政职能的话,则财政自给率和公共物品供给之间应该是正相关的。从表 2 至表 4 的结果来看,财政自给率提高了城市用水普及率以及人均绿地面积,降低了成人文盲率,提高了养老保险和失业保险普及率,显然,财政自给率的提高对于公共物品供给具有促进作用。而在本文中人均地方预算外收入对公共物品供给的影响则不显著,因此,我们也未能发现预算外收入对公共物品影响的作用方向究竟如何。

第四,从控制变量的回归结果来看,由于没有能够找到和城市基础设施相对应的人均财政支出项目,我们用各地区的人均财政支出来作为替代变量,实证结果显示这一变量显著性不高,只有和人均绿地面积这一变量之间显示出较强的正相关,说明人均地方财政支出对人均绿地面积的扩大具有促进作用。同时人均教育支出在1%的显著水平降低了文盲率,人均医疗卫生支出在1%的显著水平提高了人均卫生机构人员数,人均社会保障支出也在1%的显著水平提高了养老和失业保险普及率。最后,从人口规模变量来看,人口密度越大的地区,相应的医疗卫生和社会保障供给普及率越大,且变量之间的系数通过了1%的显著性检验,而城市基础设施的这一控制变量则不显著。

第五节　本章小结

本章使用2000—2010年我国30个省级地方政府的空间面板数据,借助空间计量的分析方法,研究了"财政分权假说"、"经济开放假说"两个假说对公共物品供给影响的作用情况。通过 matlab 计量分析软件,使用 ML 的估计方法,通过实证研究,结果发现:财政分权对城市基础设施公共物品具有明显的促进作用,这和张军等(2007)得出的结论是一致的,而各地区经济开放对城市基础设施的供给则带来负面影响;财政分权对教育和医疗方面的影响是负向的,各地区经济开放度对公共医疗的影响不显著,但是和成人文盲率之间是正相关的;最后财政分权和社会保障之间的关系要依照具体的类别,从本章实证结果来看,财政分权和养老保险普及率之间是正相关的,和失业保险普及率之间是负相关,另外各地区经济开放度和养老保险普及率、失业保险普及率之间呈现负相关关系。

第七章　本书主要结论、
政策启示与研究展望

第一节　主要结论

在前面两章的内容中,我们主要通过建立计量经济模型的方法,对本书所关注的内容进行了经验性的分析,从前面对实证结果的分析来看,在财政转型的背景下,政府职能可能的确发生了某种程度的改变。比如,在2007年之前,河南这样改革开放相对落后(跟沿海发达地区相比)的地区,政府的建设职能非常突出。在面对发展中遇到的问题时,政府的一个做法就是直接参与到经济建设过程中,对经济发展产生强有力的影响。而在2007年之后,财政体系朝向公共服务转型,此时经济开放的作用大大增强,而面对的外部冲击也逐渐明显,因此政府也相应地增强了社保之类的保障性支出。从中可以看出,即使无法肯定地断言政府的建设职能一定减弱了,但是我们也可以有很大的把握证明政府的职能的确正在发生转变,正朝向公共财政体系迈进。如果还可以做进一步推测的话,那么我们对未来的公共财政体系的建立保持乐观的态度。

同时,必须要进一步强调的是,财政分权并未如预期的那样,对养老保险社会保障类公共物品的供给完全造成负向影响。而既有研究观察到的负相关,有可能是所研究问题的时间段不同,本书主要关注的是2000年以后我国财政分权对养老保险普及率的影响情况。因此本书的结果是一个与其他研究不同的发现,对此,有进一步深入探讨的必要。不过,本书对此的初步说明是,在社保等支出无法实现全国统筹(部分甚至不是省级统筹)的情况下,对国家层面的分权而言,即使不利于统一社保制度的建立、甚至阻碍其发展,但是只要各级地方政府、企事业单位按照统一的法律规定来缴纳社保,那么就不会在地方层面上观察到分权与社保之间的负相关。或者说,对地方层面上二者的关系,既需要积累更多的资料,也可能需要不同的理论来解释。而本书则做出了初步的尝试,希望随着研究的深入,对分权与社保的关系问题有更完善的认知。概言之,我们发现了公共财政体系建立过程中,政府财政职能向公共财政体系的转变。这个发现意味着,对未来而言,我们可以对政府职能的转变保持乐观的预期。

基于对以上的认识,本书以财政分权和地方公共物品为研究对象,从公共物品有效供给理论出发,以财政分权理论为依据,遵循提出问题、构建假说、形成框架、实证检验、解决问题的技术路径。一方面,以新古典经济学的基础理论为研究视角和分析范式,通过理论模型探讨公共物品和公共服务的供给效率问题,研究我国财政分权体制背景下的财政激励、制度设计、政府偏好、政府竞争等方面对地方公共物品和公共服务供给的影响。另一方面,通过建立计量模型,实证检验了财政分权制度背景下我国分税制改革前后财政激励的变化情况,同时为了进一步检验分权和公共物品供给之间的关系,本书借助于空间计量的方法实证检验我国省级地方政府财政分权、经济开放对公共物品供给的影响情况,并且通过空间滞后和空间误差模型的比较阐明公共物品供给存在地域间的溢出效应和外在因素之间的交互作用的影响。

本书在对中国地方公共物品和公共服务供给的历史和现状的研究表明,地方政府在提供公共物品和公共服务时具有选择性的偏好,即不断扩大短期能够带来增长绩效的经济性公共物品的投入,而短时期难以见效的非经济性公共物品的投入则显得不足。这不仅仅是总量供给不足的问题,公共物品供给结构失衡的问题也愈发明显。本书关注到这一现实问题,实证对比分析了公共物品供给结构失衡的问题,中央和上级政府的目标应是多维和多任务的,由于地方政府追求可测度的 GDP 增长的目标,使得地方官员为了追求任期内政绩的考核,在升迁的激励下,使得地方政府偏好于投资经济性的公共物品,而忽视了短期对经济增长作用不显著的非经济性公共物品的提供,从而出现由于地方政府选择性偏好而导致的公共物品供给结构失衡的问题。本书最后结合理论分析和实证分析的结果,从中国财政分权的背景出发探讨了有效供给公共物品的相应政策建议。

第二节　政策启示

中国的财政分权是和中央政府自上而下的政治集权紧密结合的,这种所谓二元结构的分权模式一方面对地方政府具有激励机制的作用,地方政府有足够的积极性和热情为本地区经济的增长而努力,然而在这种为增长而竞争的机制作用下,地方政府逐渐忽视居民对教育、公共卫生医疗以及社会保障等方面的公共服务体系的需求,也就是经济的增长和公共物品方面出现了不协调;另外一方面分权式的财政改革赋予地方政府更大的财政自主权,使地方政府拥有较多的对财力的支配权以及更多的资金管理权,从而可以更加有效地推进公共服务均等化的财政改革目标。

因此,只是认为财政分权不利于提高我国地方政府公共物品供给效率的观点过于片面,应该更加全面地认识到我国分权式改革的目标和在这个改革的过程中所存在的问题并逐渐解决问题才是更加需要关注的内容,通过本书第五章和第六章对我国省级地方政府统计数据所做的实证检验分析中发现,财政分权有效提高了地方政府预算内外的财政激励,同时自2000年以来我国财政分权在促进城市基础设施建设方面具有明显的推动作用,而在社会保障方面的作用也和以往的认识有所不同,要具体来分析,比如本书实证部分的结果就发现虽然财政分权和失业保险普及率之间依然是负相关,然而财政分权促进了养老保险普及率水平的提高,这是本书的一个重要发现,这也让我们对未来财政分权管理体制的改革充满了希望,构建更加适应社会发展和需求的公共服务体系更是政府向公共服务型政府转变的目标。

传统财政分权理论认为,地方政府由于最接近本地区居民,因而能够更加准确地获得居民对公共物品和服务的真实需求,因此,由地方政府供给公共物品是最有效率的。然而,现实的情况是,分权赋予地方政府财政自主权的同时,地方政府由于自身利益的驱动,往往偏离公众的利益,使得公共物品的供给出现低效率。从我国财政分权体制改革的实践来看,财政分权促进了我国GDP的增长,然而,对于短期对经济增长作用不明显的非经济类公共物品的供给依然存在着不足,这和我国构建和谐社会的发展目标是不协调的,会阻碍社会的发展和进步。因此,为了保障居民对公共物品和服务的需求得以满足,充分发挥我国财政分权式改革的积极效应,从而实现我国公共服务均等化的改革目标,我们需要从以下几个方面积极做出努力。

第一,通过改革关于政府部门干部晋升绩效评价制度,改变以GDP为主的绩效考核模式,使地方政府官员转变以前这种在政治激励下单纯追求经济增长而忽视民生类公共物品供给的扭曲问题,加入更多能够改善民生和提高公共物品供给激励作用的绩效考核指标,同时综合考虑社会福利指标的评价体系来积极推进居民整体福利水平的提高,适应经济发展速度的需求。在我国经济快速发展的今天,实现公共服务均等化的目标已经提上日程,如何解决在实现这个目标过程中存在的问题,关键的一个方面就是要建立起有效的干部绩效评价体系,形成以公共服务为目标和导向的机制,如果能够把社会福利指标涵盖进该体系也是很好的目标,从而提高政府的服务效率。通过把政绩考核中以 GDP 为单任务的目标考核变成多维的任务和目标,即纳入有关民生的社会保障等公共服务的目标体系,兼顾公平和效率。2006 年中央组织部已经印发和实施关于领导干部考核评价的试行办法,并取得了一定的成效,本书第六章的回归分析中发现,我国财政分权与养老保险普及率之间是正相关的关系,这体现出分权改革的优势已经在公共物品和服务中逐渐发挥出积极的作用。因此,通过进一步加大公共服务在政府干部晋升机制考核中的重要性至关重要,这也是逐渐增加居民对地方政府官员合意性的需要,因为地方政府提供公共物品和服务就是为了满足本辖区居民的需求和福利,只有居民的社会福利提高了以及居民对政府的满意度提高了,才是真正服务型政府的目标所在。在中央政府这种自上而下和地方政府之间纵向委托代理的关系下,通过改革对地方政府的绩效评价机制,使地方政府获得更多提高地方公共物品供给和公共服务的激励,从而更好地服务于本辖区居民,提高社会福利水平,促进社会和谐健康发展。

第二,不断完善我国财政分权体制改革从而提高公共物品和服务的供给效率,其中重要的方面就是要明确中央和地方的支出责任范围,使得地方政府在获得资金自主权的同时,能够更加合理有效地进行成本和收益的分析,提高资金利用效率,综合考虑教育、就业、社会保障等公共服务的财政支出责任。财政分权改革中的难点之一就是政府财力与事权相匹配的问题,如果政府的财力和事权不协调的话,就会降低公共物品的供给效率,过度的分权和集权都不利于社会的发展。因此,在中央政府统筹安排地方政府的公共服务事权的同时,应给与地方政府相应获得税收收入的权利和支出的权利,地方政府需有弹性管理和安排本地区资金的权利。另外,对于地方政府公共物品和服务支出责任的安排,要依据地方的基本情况和需求而定,同时还要综合考虑成本和效率的要求,讲究规模经济的原则以及避免公共物品的外部性所造成的成本问题。同时,要不断完善对资金的监督和管理体制,硬化地方政府的预算约束以及对财政纪律进行规范和问责制的强化,使资金能够充分有效地利用以及落到实处,发挥积极的作用。因此,在地方政府获得中央政府所给予的公共物品供给支出责任的同时,地方政府应获得与其支出责任相匹配的税收收入的权力,并且获得对资源弹性管理和调配的权力,这样的话地方政府就可以借助于地方获得信息的优势,结合地方特点,对公共资源进行有效的配置,尽可能充分和合理地来安排本地区公共物品的规模进而满足居民的需求。也就是说,通过对财政制度的改革,能够做到地方政府财力和事权的匹配,因为如果两方面极其不协调的话,将会降低地方政府公共物品的供给效率以及供给能力和意愿,从而弱化公共物品和服务的供给效率和造成效用的损失。另外,对财政分权体制进行改革以降低地方政府供给公共物品的成本以及扩大公共物品供给的覆盖面,这也要合理规划和安排政府间的支出责任以符合各地区的基本需要,避免不必要的重复建设,尽可能地降低生产成本以及交易成本,扩大享受人群的覆盖面来保证对公共物品供给的持续性和稳定性,从规模经济和公共物品自身外部性的角度降低成本,提高供给效率。

第三,有效的财政分权体制能够保证地方政府在提供公共物品和服务供给方面发挥积极的作用,并且充分发挥其效率和分权适度原则,通过税收分享、转移支付等财政激励的方式进一步发挥中央政府对地方政府的引导作用,提高地方政府供给公共物品和服务的水平。财政激励作用的发挥不仅能够促进地区经济的繁荣发展,同时还能够对地方政府部门的干部产生激励,也就是通过机制的设计把供给公共物品和服务的奖励内容纳入税收制度中,从经济人的角度出发,激励地方政府干部有积极性在促进地区经济繁荣发展的同时也有激励提高本地区的公共服务供给水平,发挥财政激励中税收激励的积极作用,激发地方政府为居民提供合意公共服务水平的热情。另外,中央政府可以通过转移支付和补贴的方式弥补地方政府在供给公共物品和服务上所存在的资金缺口,从而防止由于地方财力和事权不协调而降低地方政府供给公共物品和服务的热情和积极性。同时要保障转移支付和补贴的资金能够发挥其效率,切实用到实处,这就要硬化地方政府的预算约束,把这部分资金真正用到提高地方的公共服务水平中去。中央可以制定出公共服务的标准化水平以及相应的评价体系,确保地方政府可以按照该水平来执行其任务,这样就可以避免地方浪费资源过度供给或者不作为的现象。然而,统一公共物品和服务的供给标准也有其弊端,地方可能很难根据本地区的实际情况来因地制宜地提供相应水平的公共物品和服务,也有可能出现相对落后地区的政府为了更多资金的获得,和中央讨价还价,而忽视了地区经济的发展和为居民提供一定水平的公共物品和服务,因此,还需要斟酌审慎地来对待和执行。

第四,新古典经济学认为,"用手投票"机制,也就是居民偏好显示机制能够有效地传递居民对于公共物品的真实需求,并且通过这种公共选择机制的不断完善可以使地方政府获得激励去响应居民的偏好并为之努力去提高公共服务水平。财政分权理论认为,地方政府由于接近本地居民,因此能够获得足够的信息来提供居民合意的公共物品供给,而有效率的决策则取决于决策的规则,一方面公众需要合意的公共物品满足,另外一方面通过公共选择的实施手段来向政府传达和表露公众的意愿。然而,我国目前的情况是公共物品和服务的供给是由政府自上而下的行政指令来做出决策的,不是由辖区居民的公共需求来决定的,同时地区性公共物品的供给也主要是由政府垄断。因此,需要通过积极改革基层的民主建设来扩大公众对公共物品偏好表露传递的有效性,提高辖区居民对公共选择的参与度。通过民主化、法制化和公开化以及接受公众监督的决策过程来提高政府供给公共物品的有效性和公众的满意度,一方面地方政府能够严格约束自身的财政行为,接受社会公众的监督,另外一方面可以增加政府对居民的公共需求的回应,使地方政府的财政支出规模和结构通过居民的投票来表决。财政分权理论还认为,居民通过"以脚投票"的方式自由选择合意公共物品和服务供给的地区居住,而前提之一是居民能够在不同地区之间迁移,同时各个地区的劳动力市场是完善和自由流动的,并且不存在公共物品的价格歧视等条件,这样的话,每一个地区的地方政府会积极改善本地区的居住环境,提升公共物品供给的质量和水平。而现实的情况是我国的户籍制度限制了"以脚投票"机制作用的发挥,同时也限制了建立在户籍基础上的各个地区的社会福利分配和保障制度的公平性,也就是说我国现有的户籍制度使得迁移居民和本地居民在社会保障和福利以及教育资源和就业的获取等方面没有享受同等的权利,这极大地限制了"以脚投票"机制的作用,是影响公共物品供给效率的不利因素。因此,需要逐步渐进地改革我国的户籍制度,改变原有的城乡和区域之间分割和封闭的状态,建立起城乡之间、地区之间统一的社会保障和福利制度,建立自由流动的劳动力和要素市场,统筹住房、教育资源等的合理配置,发挥积极有效的公共选择机制的作用,完善地方公共物品供给的状况。

第三节　研究展望

中国的财政分权体制不同于西方发达市场经济国家的分权体制,主要的不同在于收入相对集权,而支出分权过度,因而在分析财政分权对于公共物品供给、经济增长的影响情况依赖于使用何种分权指标,即是使用支出分权指标还是收入分权指标来进行相关问题的研究,而实际上对于财政分权的指标应是多维的,单一的收入或者支出的分权指标都只是其中的一个方面,不能全面揭示所有的情况,因此对于这一问题的存在,本书并没有能够构造出多维的财政分权指标,这还是今后需要进一步研究的方向。

关于理论分析的部分也是本书的一个难点所在,任何的经济模型都是对现实经济运行的描述,并且以此来解释和说明经济运行的规律,而数据是用来说明真实经济运行的状况,在理论的基础上运用计量经济模型进行实证的检验是分析的重点所在也是难点所在,由于统计数据获取的困难,省级以下特别是县域经济数据很难获得,在对财政分权和公共物品研究中很难延伸至县域一级的分析,这也是本书的不足之处。本书主要关注财政分权体制下从政府间财政关系的视角来获得地方公共物品有效供给的解决途径,而政府也存在着失灵,因此公共物品的其他提供方式,比如私人自愿提供的方式没有纳入分析中来,这也是本书的不足之处,只能留待今后对该问题更加深入地研究。

本书中的研究也只是初步的,特别是对低层级政府的相关研究而言,国内还很缺乏可以比较的结果。因此从宏观的角度而言,未来的研究方向之一就是不断积累财政分权、经济开放对低层级地方政府(以及对经济发展起步较晚且相对落后的地区)的影响的材料,为未来全面认识分权与开放的影响奠定坚实的基础。同时对本书的具体研究而言,通过各种方式,深入探讨本书结果的稳健性,以及结果的其他可能的解读方式,都是可能的改进方向。

参考文献

[1] 安体富,任强.政府间财政转移支付与基本公共服务均等化[J].经济研究参考,2010,47:3 - 12.

[2] 鲍德威,威迪逊,邓力平.公共部门经济学[M].中国人民大学出版社,2000:352.

[3] 布伦南、布坎南.宪政经济学[M],中国社会科学出版社,2004:174.

[4] 查尔斯·M·蒂布特.一个关于地方支出的纯理论,曹荣湘主编.蒂布特模型[M].社会科学文献出版社,2004:3 - 15.

[5] 常修泽.中国现阶段基本公共服务均等化研究[J].中共天津市委党校学报,2007,9(2):66 - 71.

[6] 陈昌盛,蔡跃洲.中国政府公共服务:基本价值取向与综合绩效评估[J].财政研究,2007 (6):20 - 24.

[7] 陈硕.分税制改革,地方财政自主权与公共品供给[J].经济学 (季刊),2010,9(4):1427 - 1446.

[8] China 民政部.中华人民共和国行政区划简册[M].测绘出版社,2005.

[9] 丹尼斯·埃普尔,阿伦·泽伦茨.辖区间竞争的含义:蒂布特需要政治吗?[J].载曹荣湘主编《蒂布特模型》,社会科学文献出版社,2003:167 - 192.

[10] 邓可斌,丁菊红.转型中的分权与公共品供给:基于中国经验的实证研究[J].财经研究,2009,3:80 - 89.

[11] 丁菊红,邓可斌.政府偏好,公共品供给与转型中的财政分权[J].经济研究,2008,7:78 - 89.

[12] 丁菊红.中国财政分权体制的经验,现实选择与未来展望[J].税务研究,2010 (004):3 - 7.

[13] 樊纲.我国最突出的问题是公共品[J].经济观察报,2006:11 - 25.

［14］范允奇,王文举.中国式财政分权下的地方财政支出偏好分析[J].经济与管理研究,2010(7):40-47.

［15］付文林.财政分权、财政竞争与经济绩效[M].北京:高等教育出版社,2011:23-28.

［16］傅勇,张晏.中国式分权与财政支出结构偏向:为增长而竞争的代价[J].管理世界,2007(3):4-12.

［17］傅勇.财政分权,政府治理与非经济性公共物品供给[J].经济研究,2010,8:4-15.

［18］傅勇.中国的分权为何不同:一个考虑政治激励与财政激励的分析框架[J].世界经济,2009(11):16-25.

［19］傅勇.中国式分权与地方政府行为[M].上海:复旦大学出版社,2010:11-31.

［20］高鹤.财政分权,经济结构与地方政府行为:一个中国经济转型的理论框架[J].世界经济,2006,29(10):59-68.

［21］卢洪友,卢盛峰,陈思霞."中国式财政分权"促进了基本公共服务发展吗?[J].财贸研究,2012(6):1-7.

［22］官永彬.财政分权,双重激励与地方政府供给偏好的异质性[J].重庆师范大学学报:哲学社会科学版,2012(1):102-111.

［23］郭庆旺,贾俊雪.中央财政转移支付与地方公共服务提供[J].世界经济,2009(9):74-84.

［24］郭庆旺,吕冰洋,张德勇.财政支出结构与经济增长[J].经济理论与经济管理,2003,11:5-12.

［25］贾康,赵全厚.中国财政改革30年:政策操作与制度演进[J].改革,2008,5:5-23.

［26］贾智莲,卢洪友.财政分权与教育及民生类公共品供给的有效性——基于中国省级面板数据的实证分析[J].数量经济技术经济研究,2010(6):139-150.

［27］肯尼思·约瑟夫·阿罗.社会选择:个性与多准则[M].首都经济贸易大学出版社,2000:36-47.

［28］李萍.财政体制简明图解[M].北京:中国财政经济出版社,2010:149-162.

[29] 李涛,周业安.财政分权视角下的支出竞争和中国经济增长[J].世界经济,2008,11:3 – 15.

[30] 李婉.财政分权与地方政府支出结构偏向[J].上海财经大学学报,2007,9(5):75 – 82.

[31] 李祥云,祁毓.中国的财政分权、地方政府行为与劳动保护[J].经济与管理研究,2011,3:98 – 110.

[32] 林江,孙辉,黄亮雄.财政分权,晋升激励和地方政府义务教育供给[J].财贸经济,2011,1:34 – 40.

[33] 刘汉屏,刘锡田.地方政府竞争:分权,公共物品与制度创新[J].改革,2004(6):23 – 28.

[34] 刘小勇.省及省以下财政分权与省际经济增长[J].经济科学,2008(1):41 – 54.

[35] 刘长生,郭小东,简玉峰.财政分权与公共服务提供效率研究——基于中国不同省份义务教育的面板数据分析[J].上海财经大学学报:哲学社会科学版,2008,10(4):61 – 68.

[36] 罗必良,王玉蓉.外部性问题,校正方式与科斯定理[J].经济科学,1994,6:50 – 57.

[37] 吕炜,王伟同.我国基本公共服务提供均等化问题研究——基于公共需求与政府能力视角的分析[J].经济研究参考,2008(34):2 – 13.

[38] 马海涛,程岚,秦强.论我国城乡基本公共服务均等化[J].财经科学,2008,12:96 – 104.

[39] 马歇尔.经济学原理[M].北京:商务印书馆,1964:325 – 332.

[40] 聂方红.转型时期地方政府投资行为分析[J].湖北经济学院学报,2006,4(5):86 – 89.

[41] 庞凤喜,潘孝珍.财政分权与地方政府社会保障支出——基于省级面板数据的分析[J].财贸经济,2012(2):29 – 35.

[42] 彭宅文.分权、地方政府竞争与中国社会保障制度改革[J].公共行政评论,2011,1:174 – 177.

[43] 平新乔,白洁.中国财政分权与地方公共品的供给[J].财贸经济,2006(2):49 – 55.

[44] 平新乔.财政原理与比较财政制度[M].三联书店上海分店,1992:

338 – 360.

[45] 钱颖一. 现代经济学与中国经济改革[M]. 中国人民大学出版社, 2003:57 – 65.

[46] 乔宝云,范剑勇,冯兴元. 中国的财政分权与小学义务教育[J]. 中国社会科学,2005,6(2010):7.

[47] 任珠峰. 浅析我国财政分权改革的路径与原则[J]. 金融经济（理论版）,2007（4）.

[48] 申亮. 财政分权、辖区竞争与地方政府投资行为[J]. 财经论丛, 2011,159(4):28 – 34.

[49] 沈坤荣,付文林. 中国的财政分权制度与地区经济增长[J]. 管理世界,2005（1）:31 – 39.

[50] 石沛,蒲勇健. 政府规模决定因素与相关假说[J]. 软科学,2011, 25(12):37 – 40.

[51] 史宇鹏,周黎安. 地区放权与经济效率:以计划单列为例[J]. 经济研究,2007,1:17 – 28.

[52] 世界经济合作与发展组织. 中国公共支出面临的挑战[M]. 北京: 清华大学出版社,2006:32 – 33.

[53] 万广华,陆铭,陈钊. 全球化与地区间收入差距:来自中国的证据[J]. 中国社会科学,2005,3:17 – 26.

[54] 王文剑,仉建涛,覃成林. 财政分权,地方政府竞争与 FDI 的增长效应[J]. 管理世界,2007（3）:13 – 22.

[55] 王永钦,张晏,章元,等. 中国的大国发展道路——论分权式改革的得失[J]. 经济研究,2007,1(1):4 – 17.

[56] 网易新闻. 三星否认在西安投资获得补贴 2000 亿元[EB/OL]. (2012 – 04 – 17)[2012 – 05 – 01]. http://news. 163. com/12/0417/10/ 7V9NV7OP0001124J.html.

[57] 武力. 论建设型财政时期陈云对遏制投资饥渴的贡献[J]. 武陵学刊,2010,35(4):17 – 22.

[58] 辛波. 政府间财政能力配置问题研究[M]. 中国经济出版社,2005: 42 – 44.

[59] 徐现祥,李郇,王美今. 区域一体化,经济增长与政治晋升[J]. 经

济学（季刊）,2007,6（4）:1075 – 1096.

[60] 徐琰超,沈拓彬,尹恒.FDI 与政府规模、支出结构:理论及证[J].金融评论,2010,2:39 – 47.

[61] 徐永胜,乔宝云.财政分权度的衡量理论及中国 1985 – –2007 年的经验分析[J].经济研究,2012（10）:4 – 13.

[62] 许正中,苑广睿,孙国英.财政分权:理论基础与实践[M].社会科学文献出版社,2002:14 – 15.

[63] 亚当·斯密.国民财富的性质和原因的研究[M].北京:商务印书馆,1972.

[64] 杨灿明,赵福军.财政分权理论及其发展述评[J].中南财经政法大学学报,2004（4）:3 – 10.

[65] 杨灿明,孙群力.外部风险对中国地方政府规模的影响[J].经济研究,2008,9:115 – 121.

[66] 尹恒,徐琰超.地市级地区间基本建设公共支出的相互影响[J].经济研究,2011,7:55 – 64.

[67] 于长革.中国式财政分权与公共服务供给的机理分析[J].财经问题研究,2008（11）:84 – 89.

[68] 约翰·穆勒.政治经济学原理（下卷）[J].北京:商务印书馆,1997:42.

[69] 约瑟夫·E·斯蒂格利茨.公共部门经济学（第三版）[M].北京:中国人民大学出版社,2005:625.

[70] 詹姆斯·布坎南.自由、市场和国家[M].上海三联书店,1989:244 – 245.

[71] 张光.测量中国的财政分权[J].经济社会体制比较,2011,6:48 – 61.

[72] 张恒龙,秦鹏亮.转移支付,财政激励与基本公共服务均等化目标的匹配[J].改革,2012（9）:53 – 63.

[73] 张军.分权与增长:中国的故事[J].经济学（季刊）,2007,7（1）:21 – 52.

[74] 张晏,龚六堂.地区差距,要素流动与财政分权[J].经济研究,2004,7:59 – 69.

［75］张晏,龚六堂.分税制改革,财政分权与中国经济增长［J］.经济学（季刊）,2005,5(1):75 – 108.

［76］周黎安,陶婧.政府规模,市场化与地区腐败问题研究［J］.经济研究,2009,1:57 – 69.

［77］周黎安.晋升博弈中政府官员的激励与合作［J］.经济研究,2004,6:33 – 40.

［78］周黎安.中国地方官员的晋升锦标赛模式研究［J］.经济研究,2007,7(36):50.

［79］周亚虹,宗庆庆,陈曦明.财政分权体制下地市级政府教育支出的标尺竞争［J］.经济研究,2013(11):127 – 139.

［80］Akin J S,Hutchinson P,Strumpf K S. Decentralization and government provision of public goods:the public health sector inUganda［M］. USAID,2001.

［81］ Anselin L. Spatial econometrics:methods andmodels［M］. Springer,1988.

［82］Arzaghi M,Henderson J V. Why countries are fiscallydecentralizing［J］. Journal of Public Economics,2005,89(7):1157 – 1189.

［83］Aschauer D A. Is public expenditure productive? ［J］. Journal of monetary economics,1989,23(2):177 – 200.

［84］Azfar O,Kahkonen S,Lanyi A,et al. Decentralization,governance and public services:the impact of institutional arrangements［J］. Devolution and development:governance prospects in decentralizing states,2004:19 – 62.

［85］Baskaran T,Feld L P. Fiscal Decentralization and Economic Growth in OECD Countries Is There a Relationship? ［J］. Public Finance Review,2013,41(4):421 – 445.

［86］Besley T,Coate S. Centralized versus decentralized provision of local public goods:a political economyapproach［J］. Journal of public economics,2003,87(12):2611 – 2637.

［87］Boadway R,Pestieau P,Wildasin D. Tax – transfer policies and the voluntary provision of publicgoods［J］. Journal of Public Economics,1989,39(2):157 – 176.

［88］Break G F,Brookings Institution. Intergovernmental fiscal relations in the UnitedStates[M]. Washington,DC:Brookings Institution,1967.

[89] Breton A. Competitive governments:An economic theory of politics and publicfinance[M]. Cambridge University Press,1998.

[90] Breuss F,Eller M. Fiscal Decentralization and Economic Growth:Is there really a link? [J]. Journal for institutional Comparisons,2004,2(1): 3 –9.

[91] Brueckner J K. Fiscal federalism and economicgrowth[J]. Journal of Public Economics,2006,90(10):2107 –2120.

[92] Buchanan J M,Musgrave R A. Public finance and public choice:two contrasting visions of theState[M]. Cambridge:Mit Press,1999.

[93] Buchanan J M. An economic theory ofclubs[J]. Economica,1965,32 (125):1 –14.

[94] Calabrese S M,Epple D N,Romano R E. Inefficiencies from Metropolitan Political and Fiscal Decentralization:Failures of TieboutCompetition[J]. The Review of Economic Studies,2012,79(3):1081 –1111.

[95] Case A C,Rosen H S,Hines J R. Budget spillovers and fiscal policy interdependence:Evidence from thestates[J]. Journal of public economics,1993, 52(3):285 –307.

[96] Chen C H. Fiscal decentralization,collusion and government size in China's transitionaleconomy [J]. Applied Economics Letters,2004,11(11): 699 –705.

[97] Diamantaras D,Gilles R P. The pure theory of public goods:efficiency,decentralization,and thecore[J]. International Economic Review,1996:851 – 860.

[98] Faguet J P. Does decentralization increase government responsiveness to local needs?:Evidence from Bolivia[J]. Journal of public economics,2004,88 (3):867 –893.

[99] Fiva J H. New evidence on the effect of fiscal decentralization on the size and composition of governmentspending[J]. FinanzArchiv:Public Finance Analysis,2006,62(2):250 –280.

[100] George stigler. Tenable Range of Functions of Local Government. In

Federal Expenditure Policy for Economic Growth and stability, 1957, PP. 213 – 219.

[101] Goodspeed T J. Bailouts in a Federation[J]. International Tax and Public Finance,2002,9(4):409 – 421.

[102] Green J R, Laffont J J. Incentives in public decision making [J]. 1979.

[103] Green J R, Laffont J J. Partially verifiable information and mechanism design[J]. The Review of Economic Studies,1986,53(3):447 – 456.

[104] Groves T, Ledyard J. Optimal allocation of public goods:A solution to the free rider problem[J]. Econometrica:Journal of the Econometric Society, 1977:783 – 809.

[105] Hume. D. A treatise on human nature[M]. Oxford:Oxford University Press,1895:15 – 20.

[106] Iimi A. Decentralization and economic growth revisited:an empirical note[J]. Journal of Urban Economics,2005,57(3):449 – 461.

[107] Inman R P, Rubinfeld D L. Fiscal federalism in Europe:Lessons from the United States experience[R]. National Bureau of Economic Research,1991.

[108] Jin H, Qian Y, Weingast B R. Regional decentralization and fiscal incentives:Federalism, Chinese style[J]. Journal of public economics, 2005, 89 (9):1719 – 1742.

[109] Jin J, Zou H. Fiscal decentralization, revenue and expenditure assignments, and growth in China[J]. Journal of Asian Economics, 2005, 16 (6): 1047 – 1064.

[110] Kee W S. Fiscal decentralization and economic development[J]. Public Finance Review,1977,5(1):79 – 97.

[111] Khaleghian P. Decentralization and public services:the case of immunization[J]. Social Science & Medicine,2004,59(1):163 – 183.

[112] Kim A. Decentralization and the provision of public services:framework and implementation[J]. The World Bank Development Economics Capacity Building, Partnership, and Outreach Team, Policy Research Working Paper No. 4503,2008.

[113] Kirchgässner G. The effects of fiscal institutions on public finance: a survey of the empirical evidence[J]. 2001.

[114] Letelier L. Explaining fiscal decentralization[J]. Public Finance Review, 2005, 33(2): 155 – 183.

[115] Lin J Y, Liu Z. Fiscal Decentralization and Economic Growth in China[J]. Economic development and cultural change, 2000, 49(1): 1 – 21.

[116] Luo R, Zhang L, Huang J, et al. Elections, fiscal reform and public goods provision in rural China[J]. Journal of Comparative Economics, 2007, 35(3): 583 – 611.

[117] Martinez – Vazquez J, McNab R M. Fiscal decentralization and economic growth[J]. World development, 2003, 31(9): 1597 – 1616.

[118] Martinez – Vazquez J, McNab R. Fiscal decentralization, economic growth, and democratic governance[C]//USAID Conference on Economic Growth and Democratic Governance, Washington, DC, October. 1997: 9 – 10.

[119] Martinez – Vazquez J, Rider M. Fiscal decentralization and economic growth: A comparative study of China and India[J]. Indian Journal of Economics and Business, 2006: 1 – 18.

[120] Mas – Colell A. Efficiency and decentralization in the pure theory of public goods[J]. The Quarterly Journal of Economics, 1980, 94(4): 625 – 641.

[121] McGuire M. Group segregation and optimal jurisdictions[J]. The Journal of Political Economy, 1974, 82(1): 112 – 132.

[122] Montinola G, Qian Y, Weingast B R. Federalism, Chinese style: the political basis for economic success in China[J]. World Politics, 1995, 48(01): 50 – 81.

[123] Musgrave R A. The theory of public finance: a study in public economy[M]. New York: McGraw – Hill, 1959.

[124] Neyapti B. Fiscal decentralization and deficits: International evidence [J]. European Journal of Political Economy, 2010, 26(2): 155 – 166.

[125] Niskanen W A. Bureaucrats and politicians[J]. Journal of law and economics, 1975, 18(3): 617 – 643.

[126] Oates W E. An Easy on Fiscal Federalism[J]. Econ. Perspect, 2003,

11(1):169 - 78.

[127] Oates W E. An essay on fiscal federalism[J]. Journal of economic literature,1999,37(3):1120 - 1149.

[128] Oates W E. Fiscal Decentralization and Economic Development Wallace E. Oates'[J]. Tax policy in the real world,1999,171.

[129] Oates W E. On the theory and practice of fiscal decentralization[J]. Institutional foundations of public finance: Economic and legal perspectives, 2008:165 - 203.

[130] Oates W E. Toward a second - generation theory of fiscal federalism [J]. International tax and public finance,2005,12(4):349 - 373.

[131] Oates W. Fiscal decentralization[J]. 1972.

[132] Park A,Rozelle S,Wong C,et al. Distributional consequences of reforming local public finance in China[J]. The China Quarterly,1996,147:751 - 778.

[133] Paul A. Samuelson. The pure theory of public expenditure[J]. The review of economics and statistics,1954:387 - 389.

[134] Prud Homme R. The dangers of decentralization[J]. The world bank research observer,1995,10(2):201 - 220.

[135] Qian Y,Roland G. Federalism and the soft budget constraint[J]. American economic review,1998:1143 - 1162.

[136] Qian Y,Weingast B R. Federalism as a commitment to perserving market incentives[J]. The Journal of Economic Perspectives, 1997, 11 (4): 83 - 92.

[137] Ricard W. Tresch. Public finance. Business publications,Inc,1981: 574 - 576.

[138] Richard A. Musgrave. The Voluntary Exchange Theory of Public Economy,Quarterly Journal of Economics,L11,Febuary,1939:213 - 217.

[139] Rivlin A M. Reviving the American dream:The economy,the states and the federal government[M]. Brookings Institution Press,1992.

[140] Rodr A, Ezcurra R. Is fiscal decentralization harmful for economic growth? Evidence from the OECD countries[J]. Journal of Economic Geography,

2011,11(4):619 - 643.

[141] Schlager E, Ostrom E. Property - rights regimes and natural resources:a conceptual analysis[J]. Land economics,1992:249 - 262.

[142] Seabright P. Accountability and decentralisation in government: An incomplete contracts model [J]. European economic review, 1996, 40 (1): 61 - 89.

[143] Shah A. Fiscal decentralization in developing and transition economies:progress,problems,and the promise[J]. World bank Policy Research working paper,2004 (3282).

[144] Shen C,Jin J,Zou H. Fiscal decentralization in China:history, impact,challenges and next steps[J]. Annals of Economics and Finance,2012,13 (1):1 -51.

[145] Stiglitz J E. The theory of local public goods twenty - five years after Tiebout:A perspective[J]. 1984.

[146] ThieBen U. Fiscal decentralisation and economic growth in high - income OECD Countries[J]. Fiscal studies,2003,24(3):237 - 274.

[147] Tiebout C M. A pure theory of local expenditures[J]. The journal of political economy,1956,64(5):416 - 424.

[148] Tiebout C M. An economic theory of fiscal decentralization[M]// Public finances:Needs,sources,and utilization. Princeton University Press,1961: 79 - 96.

[149] Tsui K,Wang Y. Between separate stoves and a single menu:fiscal decentralization in China[J]. The China Quarterly,2004,177(1):71 - 90.

[150] Uchimura H,Jütting J P. Fiscal decentralization,Chinese style:good for health outcomes? [J]. World Development,2009,37(12):1926 - 1934.

[151] Varian H R. Microeconomic analysis [M]. New York: Norton, 1984:259.

[152] Wallace E. Oates. Fiscal federalism. [J]. New York:Harcourt Brace Jovanovich,Inc,1972:35.

[153] Wallis J J,Oates W E. Decentralization in the public sector:An empirical study of state and local government[M]//Fiscal federalism:Quantitative

studies. University of Chicago Press,1988:5 – 32.

[154] Wang W, Zheng X, Zhao Z. Fiscal reform and public education spending: A quasi – natural experiment of fiscal decentralization in China[J]. Publius:The Journal of Federalism,2012,42(2):334 – 356.

[155] Weingast B R. Economic Role of Political Institutions:Market – Preserving Federalism and Economic Development,The[J]. JL Econ. & Org. ,1995, 11:1.

[156] Zhang T, Zou H. Fiscal decentralization, public spending, and economic growth in China[J]. Journal of public economics,1998,67(2):221 – 240.

[157] Zhang X, Fan S, Zhang L, et al. Local governance and public goods provision in rural China [J]. Journal of public economics, 2004, 88 (12): 2857 – 2871.

[158] Zhang X. Fiscal decentralization and political centralization in China: Implications for growth and inequality[J]. Journal of Comparative Economics, 2006,34(4):713 – 726.

[159] Zhuravskaya E V. Incentives to provide local public goods:fiscal federalism,Russian style[J]. Journal of Public Economics,2000,76(3):337 – 368.

[160] Zodrow G R, Mieszkowski P. Pigou, Tiebout, property taxation, and the underprovision of local public goods[J]. Journal of urban economics,1986,19 (3):356 – 370.

致　谢

　　"长亭外,古道边,芳草碧连天。晚风拂柳笛声残,夕阳山外山。天之涯,地之角,知交半零落,人生难得是欢聚,唯有别离多,一壶浊酒尽余欢,今宵别梦寒。"在敲完博士论文最后一个字符的瞬间,我的整个求学生涯将告一段落,这让我不禁想起了这首送别,以此来表达我此时的心绪。三年时光,学业虽平淡无奇,人生却恍若隔世,感慨万千。能够来到南开园学习,是我人生画卷中浓墨重彩的一笔,也是我人生中的幸运之事。回首过往,感恩之情不仅从心底泉涌而起。

　　匆匆三年求学路,难忘师恩情,衷心感谢我的导师曹宇教授。导师待我恩重如山,一言一语都诲人不倦,曹老师严谨认真的治学作风、潇洒淡定的人生态度以及对问题敏锐的判断力都让我为之钦佩。曹老师工作上精益求精的作风,高尚的师德和平易近人的宽容是我这一生都需要学习的榜样,也让我看到简单生活的睿智与气度,赋予我人生的哲理。师恩厚重,不敢妄谈回报,只能谨记于心,践行于外,以求不辜负恩师的殷切期望。

　　感谢刘骏民教授,是您的接纳,让我能够有幸来到南汗继续我的求学生涯。是您的淡泊明志,让我看到自己的浮躁;是您的虚怀若谷,使我不再固执和偏颇。您深邃的经济思考、博大宽厚的情怀、幽默睿智的人格魅力,无一不让人敬仰。是您的爱心和鼓励坚定了我的信心,使我不敢轻言放弃;是您的启发和孜孜不倦的教诲,引导我写作和思考。好雨知时节,当春乃发生,随风潜入夜,润物细无声。您的言传身教,如同化雨春风,临近毕业,借此诗句以表我心中感恩之情。

　　感谢南开大学虚拟经济与管理研究中心为我提供一个健康和谐的学习环境。感谢刘晓欣老师、李俊青老师、李宝伟老师、张云老师,感谢你们对我的关心和帮助!感谢南开大学经济学院的老师!感谢三年来在一起共同学习的同学!他们是季益烽、李自磊、宋文文、王飞、刘林川、王兴、王磊、赖石成、张四灿、贾庆英。感谢已从中心毕业的许平祥、周茂华、李德贵、刘艳靖、叶华,感谢他们和我一起度过了美好的博士学习的时光。感谢同窗室友,她们在生活上给予了我许多的帮助和关心,感谢你们!

感谢父母和家人,是他们给予我最无私的关怀。

感谢百忙中评阅本文稿的专家!

刘 君

二零一四年五月于南开园